Unter Dach und Fach

3., aktualisierte und erweiterte Auflage April 2018

© 2018 IZ Immobilien Zeitung Verlagsgesellschaft, Wiesbaden

Eine Beteiligung der **dfv** Mediengruppe

Lektorat: Thomas Hilsheimer
Umschlagsgestaltung: epiphan, Wiesbaden, Yvonne Orschel, Wiesbaden
Satz: Sibylle Tietze
Druck: Beltz Bad Langensalza
ISBN 978-3-940219-45-9

Unter Dach und Fach

Portfoliotransaktionen im Immobilienbereich

3. Auflage

Joachim Arenth

IMMOBILIEN ZEITUNG
edition

Inhaltsverzeichnis

Abbildungsverzeichnis

1   Vorwort

Das Auto ist der Deutschen liebstes Kind. Kaum steht der Kauf eines 40.000 Euro teuren Pkws an, so versteht es der potenzielle Käufer durchaus, die Liste der Sonderausstattungen samt Preisen und Mehrwertsteuer fehlerfrei aufzusagen. Steht dagegen der Kauf einer 400.000 Euro teuren Immobilie an, mithin für viele Menschen die wichtigste Anschaffung und der größte „Deal" ihres Lebens, so ist die Vorbereitung kaum zehn Mal besser oder gründlicher als beim Autokauf. Und wie steht es bei einem 40- oder 400-Millionen-Euro-Deal?

Ähnlich verhält es sich, behandelt man volkswirtschaftliche Dimensionen. Gebannt verfolgt die Nation täglich das auch nur leichteste Auf und Ab der Kapitalmärkte. Aber macht man sich dabei bewusst, dass die gesamte Marktkapitalisierung der kumulierten DAX-, M-DAX-, S-DAX- und Tec-Dax-Werte und der anderen gelisteten Unternehmen nur einen Bruchteil des deutschen Immobilienvermögens ausmacht? Selbst beim Höchststand der Aktien (13.597 Punkte) beträgt die Marktkapitalisierung der 30 DAX-Unternehmen 1,3 bis 1,4 Billionen Euro. Die deutschen Immobilien dagegen sind laut dem u.a. von der Gesellschaft für immobilienwirtschaftliche Forschung beauftragten Gutachten „Wirtschaftsfaktor Immobilien 2017" vom Juni des Jahres mehr als 11,2 Billionen Euro wert, also gut das Achteinhalbfache aller DAX-30-Werte, jedoch deutlich weniger volatil und krisenanfällig. Umso mehr verwundert es, dass die Immobilien in deutschen Unternehmen lange Zeit nicht die ihnen gebührende Wertschätzung erfuhren. Bis Ende der 90er Jahre wurden sie in der Regel weder professionell gemanagt, noch erkannte das Top-Management unbedingt das ihnen innewohnende Potenzial. Hinzu kam, dass deutsche Manager im

Gegensatz zu ihren angelsächsischen Kollegen sehr lange glaubten, betriebsnotwendige Immobilien auch besitzen zu müssen, und Parallelen zum privaten Eigentum zogen.

Doch mit dem Zusammenbruch der Internetblase und der New Economy sowie der generellen Hinwendung zu „Steinen und Mörtel" und dem Phänomen des „billigen Geldes" etwa ab der Jahrtausendwende änderte sich das Bild nach und nach. Immobilien wurden „mobil", zumindest als Handelsware. Nach einigen Fehlversuchen trennten sich Unternehmen und die öffentliche Hand in großem Stil von ihren Immobilien. Bemerkenswerterweise war hier die rot-grüne Bundesregierung unter Bundeskanzler Schröder Pionier, als ihr Bundesverkehrsministerium 2001 an eine ausländische Bietergruppe 114.000 Eisenbahnerwohnungen für 7,6 Mrd. DM verkaufte, davon mehr als die Hälfte der Wohnungen an Nomura/Deutsche Annington. Drei Jahre später folgte das Land Berlin, das im Rahmen des Schuldenabbaus die GSW mit ihren 70.000 Wohnungen an Cerberus und Whitehall veräußerte. Der Damm war gebrochen, auch wenn der SPD-Spitzenpolitiker Franz Müntefering ab Herbst 2004 medienwirksam vor „verantwortungslosen Heuschreckenschwärmen" warnte. Seitdem gab es mehrere hundert Portfolio-Transaktionen mit deutschen Immobilien, sogenannte „Paketdeals". Sie reichen von zahlreichen Fünfzig-Millionen-Euro-Abschlüssen über einige dreistellige Millionen-Euro-Geschäfte bis beispielsweise zum viereinhalb Milliarden Euro schweren Arcandor-Whitehall-Deal, als der angeschlagene Essener Handelskonzern mit einem wahren Kraftakt versuchte, Liquidität zu generieren.

Waren von 2005 bis 2007 plötzlich alle zu Immobilienexperten und -händlern mutiert, so änderte sich dies schlagartig mit dem Ausbruch der Subprimekrise, die nach etwas über einem Jahr in eine veritable Weltwirtschaftskrise überging. Der Hype war ebenso schnell beendet, wie er gekommen war. Der Markt für Immobilientransaktionen fuhr 2008 nicht nur auf das Niveau früherer Jahre zurück, ja schlimmer noch, je nach Segment erlosch er fast gänzlich. Gewerbeimmobilien in 1b-Lagen lagen nun wie Senkblei in den Regalen der Makler. Auch sogenannten „Trophy-Immobilien" erging es mitunter nicht besser: Nicht einmal mehr gestandene russische Oligarchen konnten sich 500 Millionen Euro für ein Anwesen an der Côte d'Azur leisten. Ab dem Winter 2008/2009 hatte die Krise die Welt der Immobilien fest im Griff.

Viele Manager schütteten danach das Kind mit dem Bade aus und neigten dazu, zwei, drei Negativbeispiele zu verallgemeinern und Immobiliendeals grosso modo wieder den Rücken zuzukehren. Aber ist deshalb die Konzentration eines Unternehmens und der Unternehmer auf das Kerngeschäft wirklich falsch? Ist das Versilbern nichtbetriebsnotwendiger Immobilien ein Irrweg, wenn es einmal für ein Jahr weniger Transaktionen gibt? Ist es nicht vielmehr so, dass viele Entscheidungsträger in den Unternehmen und Finanzinstituten sich nunmehr ein wenig hinter diesen Schlagworten verschanzen und den durchaus komplexen sowie arbeitsaufwändigen und niemals ganz risikolosen Paket-Deal scheuen?

Dieses Buch wendet sich daher primär an die Entscheidungsträger in deutschen Unternehmen und Family Offices, die sich mit der Frage beschäftigen, ob und wie sie ihre Immobilien wertsteigernd abgeben können. Ohne Schnörkel und ohne Wenn und Aber wird hier aus der Praxis ein Leitfaden für ein mögliches Projekt gegeben. Dabei gilt es, in knapper Form die wichtigsten Aspekte von Paketdeals anzusprechen und anhand eines Beispiel-Portfolios quasi zu begleiten. Die individuelle Beratung kann und will das Buch jedoch nicht ersetzen.

Mein Dank gilt ganz besonders Frau Anna Hiller für ihre Hilfe bei der Überarbeitung und Herrn Johannes Schmidt für die Unterstützung bei den Paketdeals, aber auch Herrn Matthias Alff und Herrn Leo Zeitler für ihre Mithilfe.

Gewidmet ist das Buch meiner Frau.

Joachim Arenth
Osnabrück/Jena, Januar 2014

Vorwort zur zweiten Auflage

Seit der ersten Auflage von „Unter Dach und Fach" vor genau zwei Jahren hat sich insbesondere der deutschsprachige Immobilienmarkt rasant entwickelt. Subprime, Lehman und die Weltwirtschaftskrise sind fast schon vergessen. Befeuert durch niedrige Zinsen, hohe Liquidität, einen enormen Anlagedruck und überschaubare Investmentalternativen eilt der Markt von Rekord zu Rekord und schließt, was das Transaktionsvolumen angeht, schon wieder an die „goldenen Jahre" 2006 und 2007 an. Mit der in Vonovia umbenannten Deutschen Annington stieg jüngst nach einer Serie von erfolgreichen Zukäufen unter der Führung von Rolf Buch das erste Immobilienunternehmen in den DAX 30 auf, bereit, 14 Milliarden Euro für Deutsche Wohnen zu bieten. An anderer Stelle fanden Marktbereinigungen wie die „Schle-cker-Pleite" und die Insolvenz von Praktiker/Max Bahr statt. Aber insgesamt ist der Markt in Kauflaune: Die Preise steigen, B- und C- Standorte geraten ebenso ins Visier der Investoren wie bis dato vernachlässigte Segmente. Ausländische Investo-ren sehen Deutschland nach wie vor als sicheren Hafen für ihre Investitionen. Megadeals wie der Verkauf von Galeria Kaufhof an die Hudson's Bay Company und der entsprechenden Immobilien an ein Joint Venture mit Simon Property sind wie-der möglich.

Daneben finden – auf den ersten Blick weniger spektakulär – gravierende struktu-relle Veränderungen statt, allem voran die Professionalisierung des Immobilien-marktes. Sie reicht von der stärkeren Regulierung der Branche – sei es die Mietpreis-bremse oder das Bestellerprinzip durch den Gesetzgeber, seien es Aufsehen erregende Gerichtsverhandlungen gegen Manager – bis zur gefühlten Verzehnfa-chung der Datenmenge pro Transaktion binnen weniger Jahre.

Auch der Autor musste dieser Entwicklung Tribut zollen und circa eintausend Da-ten auf den neuesten Stand bringen. Gleichzeitig wurde das Werk gründlich Korrek-tur gelesen und nochmals überarbeitet. Mein besonderer Dank gebührt an dieser Stelle Herrn Volker Arnke für seine unentbehrliche Hilfe beim „Update". Danken möchte ich auch all jenen Lesern, die in zahlreichen E-Mails, Anrufen und Briefen auf
„Unter Dach und Fach" eingingen. Mein besonderer Dank geht an meine beiden IT-Experten, die JenAcon in Osnabrück und Jena beraten und ohne die wir oft ver-loren wären. Der eine sagte mir bei der Entgegennahme seines Exemplars stolz, dass er nun insgesamt zwei Bücher besitze. Der andere meinte „Danke. Das nehme ich gerne. Es riecht so gut."

Derart motiviert, freue ich mich schon sehr auf das Feedback zu dieser Auflage, die ich wiederum meiner Frau widme.

Joachim Arenth
Osnabrück/Jena, Januar 2016

Vorwort zur dritten Auflage

Es ist mir eine große Freude, nach nur zwei Jahren bereits die dritte Auflage von „Unter Dach und Fach" vorzulegen. Wiederum wurden sowohl mehr als eintausend Zahlen im Textteil als auch die Tabelle mit fast 150 neuen Transaktionen nach bestem Wissen und Gewissen auf den neuesten Stand gebracht. Des Weiteren wurde der Text sorgfältig überarbeitet und, wo nötig, korrigiert, ergänzt oder aktualisiert.

Das nachhaltige Interesse an „Unter Dach und Fach" äußert sich jedoch nicht nur in den reinen Verkaufszahlen, sondern auch in einer Fülle von Zuschriften, Mails, Anrufen und Einladungen, wofür ich an dieser Stelle allen Beteiligten sehr herzlich danke. Viele Leser fragen nach den Megatrends und den wichtigsten Akteuren der Branche, gerade im Handelsbereich, und vor allem danach, wie diese zu bewerten seien. In den letzten beiden Jahren gab es vor dem Hintergrund der Niedrigzinspolitik wiederum einschneidende Ereignisse und gravierende strukturelle Entwicklungen wie etwa die Integration von fast 350 Kaiser's- und Tengelmann-Filialen in das EDEKA-Filialnetz seit dem 1. Januar 2017 oder die Aufspaltung der METRO Group in Ceconomy und die Metro AG. Zu nennen sind sicherlich auch der Umbau der Filialnetze bei den Discountern und die Tendenz zu etwas weniger, dafür größeren und moderneren Märkten. ALDI NORD begann mit seiner Investitionsoffensive von über fünf Milliarden Euro. Kurz danach zog ALDI SÜD nicht nur mit einem Milliardenprogramm nach, sondern überraschte die Medienvertreter gar mit einem elfseitigen Papier zur Filiale der Zukunft.

Gleichwohl hat man branchenweit auch gesehen, dass selbst Megatrends wie „Bio", „Vegetarisch", „Vegan" und „e-commerce" sehr sorgfältig mit dem bestehenden Filialnetz koordiniert werden müssen, will der Händler auch auf diesen neueren Segmenten Gewinne machen. Die Gesetze des Marktes gelten auch hier, ebenso wie beim Segment Wohnen. Während Teile der Öffentlichkeit mitunter heftig über Flüchtlinge und Migranten diskutierten und die Regierung noch an Konzepten feilte, hat der deutsche Wohnungsmarkt, der zuvor einen gewissen Leerstand aufwies, stillschweigend zwei Millionen Menschen aufgenommen.

Überhaupt sah man eindrucksvolle Zahlen: Im gewerblichen Immobilienmarkt wurde 2017 mit gut 58 Milliarden Euro Transaktionsvolumen die zweithöchste Zahl erreicht, nur knapp unter den 59,5 Milliarden Euro aus dem Rekordjahr 2007. Insgesamt wurden bereits 2015 Immobilien im Wert von mehr als 200 Milliarden Euro in Deutschland ge- und verkauft, Tendenz steigend. Dazu trägt zum einen der konstant boomende heimische Markt bei. Zum anderen gilt Deutschland als sicherer

Hafen für viele ausländische Investoren, wenngleich „die Russen", „die Chinesen" oder „die Saudis" noch lange nicht das Gewicht haben, das ihnen am Stammtisch angedichtet wird.

Eindrucksvoll ist die Zahl von 15 Milliardendeals in den letzten zwei, zweieinhalb Jahren sowie von mehr als einhundert Transaktionen, die jeweils ein Volumen von 100 Millionen Euro überschritten. Dazu trägt unter anderem bei, dass konservative Anleger wie die Versicherer Rekordsummen in Real Estate anlegen: 2017 liegt die Quote bei einem Rekordhoch von zehn Prozent. Auch die Zahl der Schwarmfinanzierer steigt – und, siehe oben, auch für diese gelten die Marktgesetze. Die ersten machten bereits schmerzhaft Bekanntschaft mit dem deutschen Insolvenzrecht. Ironischerweise haben die Experten auf diesem Gebiet, die auf NPL (Non-Performing Loans) spezialisierten Unternehmen, in Deutschland in Zeiten des billigen Geldes quasi überhaupt keinen Markt mehr. Sie weichen nach Osten, vor allem aber nach Süden aus, nach Italien und nach Spanien.

Gerne komme ich auch dem vielfach geäußerten Wunsch nach, ein kleines Kapitel über die Alternative zum strukturierten Verkaufsprozess hinzuzufügen: den „Off-Market-Deal". Viele Leser interessieren sich dafür, was denn die Vor- und Nachteile sind und wann der Off-Market-Deal idealerweise Anwendung findet. Zum anderen fragen viele Leser nach der Grundlage für dieses Buch und nach der JenAcon GmbH: Welche Transaktionen, wie viele bedeutende Deals hat diese Boutique denn eigentlich durchgeführt und reicht die Erfahrung daraus als Basis für die allgemeine Beschreibung von strukturierten Verkäufen und Off-Market-Deals?

Insgesamt hat die JenAcon GmbH (zählt man meine Zeit als Einzelkaufmann in den Jahren 2004 und 2005 dazu) mehr als 50 größere Verkäufe und circa 20 Ankäufe erfolgreich durchgeführt und ein Gesamt-Transaktionsvolumen von mehreren Milliarden Euro bewegt. Dabei stand lange der Handel samt Logistik im Fokus. Genannt seien hier die Verkäufe einiger großer Pakete, zum Beispiel von

- 74 Karstadt-Kompakt-Immobilien mit über einer Million Quadratmeter Verkaufsfläche,
- allen 111 Immobilien der Deutschen Woolworth,
- 138 Objekten von ALDI SÜD und
- etwa 25 größeren Handels- und Logistikimmobilien für ein renommiertes Dreigespann deutscher Family Offices aus dem Ruhrgebiet.

Ein wenig stolz dürfen wir auch auf Klienten aus dem DAX-30 sein. So arbeiten wir für die Bayer AG und die Allianz S.E. Ebenso viel Spaß macht die Unterstützung eines führenden NPL-Servicers, für den wir bereits acht Projekte durchführten, von der Beratung bis zum Verkauf. Oft werden wir gefragt, wie es denn das vergleichsweise kleine, aber effiziente JenAcon geschafft hat, die ADAC-Zentrale zu verkaufen, auf einen Schlag 20.000 Parkplätze abzugeben oder die Assets britischer Insolvenzberater. Das „Geheimnis" ist in der Tat der strukturierte und disziplinierte Verkaufsprozess, das Fokussieren auf wenige, ausgewählte Klienten und Projekte sowie das professionelle, auf Vertrauen und Stillschweigen basierende Arbeiten. Auf diese Weise gelang es, nach und nach auch erfolgreich in den Segmenten Büro, Wohnen und Light Industrial zu arbeiten. Zu nennen sind auch unsere „Deals" im Bereich Parken und Hotels. Die Luxushotels an der deutschen Ostseeküste, die wir an ein führendes deutsches Family Office veräußern durften, gehören sicherlich zu den schönsten Objekten, mit denen wir bis dato Handel getrieben haben.

Aber auch der Verkauf eines einhunderttausend Quadratmeter großen Logistikzentrums im Eilverfahren, als „Fire Sale", war eine sportliche Herausforderung. Und ebenso gerne unterstützen wir die EDEKA-Gruppe, für die wir bereits eine zweistellige Zahl an strukturierten Verkäufen und fast ebenso viele Ankäufe durchgeführt haben. Auch ein Paket von Discountern hat immer einen gewissen Charme.

Basierend auf dem eingeübten strukturierten Prozess und den Erfahrungen mit Off-Market-Deals, unserem „Track Record" aus mehr als fünfzig erfolgreichen größeren Transaktionen, auf einer mehr als 3.500 Investoren umfassenden Datenbank gelingt es unserem eingespielten Team aus drei Seniors mit zusammen 50 Jahren Deal-Erfahrung, den Analysts und Associates fast immer, das oder die Objekte zum Notar zu bringen. Fast immer, wohlgemerkt, nicht immer. Ein paar Prozent begonnener Transaktionen scheitern und dienen nolens volens als Trainingsbeispiele in der JenAcon-internen Fort- und Weiterbildung für die jüngeren Teammitglieder. Aber generell funktionieren die Deals in Zeiten niedriger Zinsen und des aus aller Herren Länder in den deutschsprachigen Raum drängenden Kapitals. Die Verkäufer können dieser Tage nicht nur den klassischen Dreisprung Kaufpreis, Transaktionsgeschwindigkeit und Transaktionssicherheit optimieren, sondern bisweilen sogar noch den idealen strategischen Partner auswählen. Doch die Niedrigzinsen, die immense Nachfrage und die Rekordtransaktionsvolumen dürfen nicht darüber hinwegtäuschen, dass Deals auf einigen Feldern auch immer anspruchsvoller werden. Genannt seien hier nur Brandschutz- und Sicherheitsanforderungen oder die wachsende Menge der im Datenraum zu bewältigenden Dokumente. Der Immobilienmarkt bleibt dynamisch.

Abschließend geht mein herzlicher Dank für die Unterstützung beim Update von Text und Zahlen wie bereits bei der vorigen Auflage an Herrn Dr. Volker Arnke und für das Aktualisieren der Deal-Tabelle an Herrn Maximilian Sell.

Selbstverständlich ist auch diese Auflage wieder meiner Frau Siegrid gewidmet.

Joachim Arenth
Osnabrück und Jena, im Februar 2018

2 Ausgangssituation

Nahezu jedes deutsche Unternehmen steht früher oder später vor der Frage, welche Rolle seine Immobilien spielen. Sind sie, wie etwa die Produktionsanlagen eines Chemieriesen oder die Büros einer Versicherung, elementar, also betriebsnotwendig? Oder handelt es sich zumindest teilweise um Reservegrundstücke, die man beinahe schon vergessen hat? Entspricht der Besitz der Immobilien der ureigenen Unternehmensphilosophie und der tiefsten eigenen Überzeugung, wie dies traditionell bei vielen Mittelständlern der Fall ist, oder hat man sich in der Vergangenheit einfach nicht intensiv mit der Thematik Immobilie auseinandergesetzt, weil es im operativen Geschäft so viel zu tun gab?

Wie dem auch sei, es gibt nur selten ein „Richtig" oder „Falsch", wenn es um den Besitz einer Immobilie geht. Wenn ein schwäbischer Unternehmer seit Jahrzehnten Gewinne realisiert und seinen Grund und Boden weiterhin sein Eigen nennen möchte, so ist dies nachvollziehbar und nicht zu kritisieren oder zu kommentieren. Auch der notorische Hinweis, dass die Deutschen nur 40 Prozent, die Angelsachsen jedoch 60 Prozent ihrer gewerblich genutzten Immobilien mieten oder leasen, greift nur bedingt. Und es fehlt wahrlich nicht an gescheiterten Immobilientransaktionen, an schlechten oder einseitigen Deals und an recht prominenten Beispielen, die eher abschreckend wirken.

Andererseits bietet der Verkauf nichtbetriebsnotwendiger Immobilien einem Unternehmen selbstverständlich die Möglichkeit, sich – ohne das Kerngeschäft zu vernachlässigen – mit Liquidität zu versorgen. Insgesamt gilt: Die Abgabe von Immobilien aller Art ist in den letzten Jahren in der Bundesrepublik gang und gäbe.

Fast jeder Händler etwa, von der hochprofitablen und eigenkapitalstarken Unternehmensgruppe ALDI SÜD bis hin zur früher ertragsschwachen Deutschen Woolworth, hat bereits Immobilienpakete verkauft und somit zu verstehen gegeben, dass für den deutschen Handel das operative Geschäft letztlich wichtiger ist als der Besitz aller Immobilien. Die Abgabe eines Immobilienpaketes allein kann indes ein schlecht geführtes oder mit dem falschen Geschäftsmodell agierendes Haus nicht mehr retten. Sie kann jedoch mitunter die für die Restrukturierung dringend benötigte Zeit erkaufen. Und manch ein gut laufendes Unternehmen, selbst der ein oder andere kapitalmarkterfahrene Private-Equity-Fonds, war nach ersten Gesprächen verwundert, welche Reserven in seinen Immobilien noch schlummerten.

2.1   Die interne Entscheidungsfindung

Oft dauert es Monate, manchmal Jahre, ehe sich die Führung eines Unternehmens zu einer Entscheidung in puncto Immobilien durchringt. Dabei mutet manches Mal sowohl der Entscheidungsfindungsprozess befremdlich an, umgeben sich doch selbst renommierteste Unternehmensführer plötzlich mit viertklassigen Beratern oder Vorbestraften, als auch die Vorstellungen in Bezug auf den Wert der eigenen Immobilien. Gleiches gilt bisweilen für die Sicherheit einer Transaktion oder den angedachten Zeitplan. Man erlebt es als Berater durchaus, dass der Vorstandsvorsitzende eines M-Dax-Konzerns einen 100-Millionen-Euro-Immobiliendeal binnen zwei Wochen fordert („und zwar ohne Notar, den brauche ich nicht"), ein reputierter, Milliardenumsätze tätigender Traditionskonzern keinen Überblick über seine eigenen Immobilien hat oder Manager aller Ebenen eine 500-Millionen-Euro-Transaktion ernsthaft mit dem Erwerb oder dem Verkauf ihrer Eigentumswohnung vergleichen, den Faktor 1.000 bei der Dimension außen vor lassend. Einer der größten Fehler aus Sicht des Unternehmens in dieser Phase ist es, alles selbst machen zu wollen. Trotzdem sieht man Hauptabteilungsleiter, die bereits eine 60-Stunden-Woche zu absolvieren haben und aus Zeitgründen nicht einmal den Reifenwechsel an ihrem Auto selbst durchführen können, die Hand heben, wenn der Vorstand einen Projektleiter für seine Immobilientransaktion sucht. Kein Einkaufs-Vorstand käme auf die Idee, ohne einschlägige Ausbildung, Erfahrung oder Unterstützung ein 100 Millionen Euro schweres IT-Projekt zu leiten oder von seinen PC-Nutzerkenntnissen hochzurechnen auf das Beherrschen neuronaler Netze oder der NASA-Datenbank. Kein Trabifahrer käme auf den Gedanken, er sei mit dem Erhalt des Kfz-Führerscheins bereits als Pilot eines Kampfjets ausgebildet. Bei Immobilien jedoch herrscht der Glaube vor, da man ja ein Haus bewohne, könne man ganz nebenbei ein Portfolio von einer Million Quadratmetern am Kapitalmarkt platzieren. Schlimmer noch: angestachelt von Halbwissen auf Stammtisch-Niveau und beflügelt durch einige vage, aber positiv klingende Antworten der durch Zufallsgenerator ausgewählten möglichen Investoren erringt man sogar relativ leicht scheinbar bemerkenswerte Anfangserfolge. In der Regel scheitern solche Ansätze grandios. Sie versanden nahezu unwillkürlich oder enden nicht selten in einem Fiasko.

Es gibt eine goldene Regel für die wertsteigernde Abgabe von Immobilien: Der Prozess muss strukturiert und professionell gemanagt werden. Wie das geht, soll im Folgenden anhand eines fiktiven Unternehmens, das sich von einem umfangreichen Immobilienportfolio trennen will, demonstriert werden.

Der Verkäufer ist in dem hier beschriebenen Fall das deutsche renommierte Family Office ABC aus Münster, dessen Unternehmensführung nun beschlossen hat, eine solche strukturierte Transaktion durchzuführen. Daher sollte die Geschäftsführung als nächstes a) einen internen Verantwortlichen und b) einen externen Berater finden, der sie operativ unterstützt.

Der interne Verantwortliche ist nicht nur der „Treiber" des Projektes, er ist auch gleichsam das Scharnier zwischen der vertrauten eigenen Unternehmenswelt und dem noch nicht in nuce bekannten Feld der Berater und Immobilieninvestoren. Er/ Sie sollte daher idealiter über folgendes Profil verfügen:
• Alter zwischen 35 und 55 Jahre,
• Mitglied des mittleren Managements (eine Ebene unterhalb der Unternehmensführung),
• gutes, aber nicht allzu enges Verhältnis zur Unternehmensführung,
• Erfahrung als Projektleiter mit externer Beteiligung auf anderen Gebieten (wie Einkauf, Restrukturierung, Strategie),
• lange, aber nicht überlange Betriebszugehörigkeit,
• Erfahrung auf mehr als einem Gebiet und in mehr als einem Unternehmen gesammelt,
• vom Charakter her: belastbar, loyal, stressresistent, aufnahmefähig, entscheidungsfreudig, aufgeschlossen gegenüber Neuem, aber auch mit einer gesunden Portion Skepsis.

Der Treiber und Leiter des Projektes sollte im Idealfall gemittelt ca. die Hälfte seiner Arbeitszeit für das Vorhaben zur Verfügung stehen (in Spitzenzeiten mehr!) und mindestens einen, besser zwei Assistenten/Mitarbeiter zur Seite haben. Sicher ist hier einzuwenden, dass solche Manager nicht auf Bäumen wachsen und dass diese Ressourcen bereits einen sechsstelligen Euro-Betrag pro Jahr kosten. Das ist richtig. Aber angesichts eines Projektvolumens von – in unserem Beispiel ca. zweihundert Millionen Euro und mehr – ist das vernachlässigbar. Von Anfang an sollte auch die Incentivierung dieses Projektleiters klar in seinen Bonuskriterien verankert werden, wobei nach Abschluss des Projektes eine gewisse Flexibilität bei der Anwendung unabdingbar sein dürfte. Vor ihr oder ihm liegt schließlich die Aufgabe, ein Portfolio mit den folgenden Rahmendaten erfolgreich und binnen vertretbar kurzer Zeit am Markt zu platzieren:

- zehn SB-Warenhäuser, davon neun in Nordrhein-Westfalen und eines in Thüringen, zwar mit unterschiedlichsten Baujahren (1980-2010), Größenordnungen (zwischen 2.600 und 11.700 Quadratmetern Mietfläche) und Mietvertragslaufzeiten (zwischen eineinhalb und fast 18 Jahren) sowie einer Quadratmetermiete zwischen 7,60 Euro und 11,40 Euro – immerhin ein Teilportfolio mit insgesamt etwa sechseinhalb Millionen Euro Jahresnettokaltmiete (JNKM) und knapp 60.000 Quadratmetern Mietfläche,
- zwei Fachmarktzentren mit jeweils um die 20.000 Quadratmeter Mietfläche, ebenfalls in NRW, ein etwas älteres, ein neues, mit zusammen dreieinhalb Millionen Euro JNKM,
- einen Cash & Carry-Markt aus dem Jahr 1997 mit über 15.000 Quadratmetern und einer JNKM von eineinhalb Millionen Euro, die weiterhin bezahlt wird, obwohl der Markt nicht mehr betrieben wird,
- zwei ältere Supermärkte mit jeweils ca. 2.000 Quadratmetern Mietfläche, davon ein Lang- und ein Kurzläufer,
- drei Discounter mit 900-1.500 Quadratmetern Verkaufsfläche, davon ein Leersteher, ein Kurzläufer und ein Langläufer,
- ein älteres, gut vermietetes Bürohaus in einer Villengegend von Hannover,
- zwei Logistikzentren, davon ein recht neues mit 80.000 Quadratmetern Mietfläche und mehr als sechs Millionen Euro JNKM und einer Restlaufzeit von über 14 Jahren an einem sehr guten Standort und ein altes mit ca. 35.000 Quadratmetern Mietfläche, aber immerhin ebenfalls zweieinviertel Millionen Euro JNKM, jedoch mit einem Mietvertrag mit mittlerer Laufzeit,
- ein Kino in Osnabrück in einem recht neuen Gebäude mit weiteren Frequenzbringern wie der Post und zwei Schnellrestaurants und einem Fitnessstudio sowie
- ein Parkhaus in der Dortmunder Innenstadt mit über 450 Stellplätzen und
- ein unbebautes Grundstück in Hamburg mit knapp 3.000 Quadratmetern bei einem Bodenrichtwert von 450 Euro/Quadratmeter.
- Weiterhin gibt es 650 Wohnungen im Besitz des Family Office ABC.

Insgesamt kommt man, die Wohnungen außer Acht lassend, auf zwei Dutzend größere Objekte mit einem Mietüberschuss (= Jahresnettokaltmiete – Erbbauzins) von ca. 22,5 Millionen Euro, mehr als einer viertel Million Quadratmetern Mietfläche und fast einer halben Million Quadratmetern Grundstücksfläche bei einer gewichteten garantierten Restmietlaufzeit von neun bis zehn Jahren. Also ein durchaus beachtliches Portfolio, was die Masse angeht. Jedoch ohne Zweifel ein schwieriges Portfolio, was die Klasse angeht. Das heterogene Portfolio mit vierundzwanzig Objekten besteht aus zehn Produktklassen bzw. Formaten, viele mit älteren Baujahren, dazu einer erheblichen Varianz bei der Miete pro Quadratmeter, beim Baujahr, bei der Restmiete, der Restlaufzeit, den Mietoptionen, den Flächen, den Bodenrichtwerten, den Makro- und Mikrolagen etc. pp. Und es gibt viele offene Fragen in Bezug auf die wahre Größe und den technischen Zustand, von Umwelt-, Energie- und Rechtsfragen noch gar nicht zu reden.

Die erste Rückfrage im Haus war für den Vorsitzenden des Family Offices etwas ernüchternd. Auf seine Bitte, ihm alle verfügbaren Unterlagen vorzulegen, beginnend mit den Grundbuchauszügen und den Plänen, hieß es: „Leider sind nicht alle Grundbuchunterlagen aufzufinden" und „Die Pläne können nicht mehr verwendet werden. Sie sind im Laufe der Zeit im Schrank geschrumpft." Zeit, einen Berater an Bord zu holen?

Die Kriterien für die Auswahl des richtigen Beratungsunternehmens liegen klar auf der Hand:
- Erfahrung, d.h. erfolgreich durchgeführte Transaktionen mit Portfolios in ähnlicher Größenordnung und in einem vergleichbaren Segment (in unserem Beispiel ein niedriger dreistelliger Millionen-Euro-Wert und ein gemischtes Handels-Logistik-Portfolio),
- ein eingespieltes Team,
- erprobte Strukturen und Prozesse sowie
- eine moderne lnvestorendatenbank.

Entscheidend ist vor allem die fachliche Kompetenz des Beraters. Aber auch der persönliche Fit zwischen Klient bzw. Auftraggeber und Berater, also dem Auftragnehmer, spielt eine wichtige Rolle. Am besten ist es, sich ohne Hast und ohne überbordendes Misstrauen kennenzulernen, die Situation und die Erwartungen sachlich zu schildern und sich in zwei, drei Treffen aufeinander zuzubewegen. Man wird ein Projekt in der Größenordnung von 200 Millionen Euro oder mehr nur auf Basis gegenseitigen Respekts und mit einem gewissen Maß an Vertrauen gemeinsam ins

Ziel bringen. Der sogenannte „Pitch" des Beraters beim potenziellen Klienten zeigt, ob die Consultants die Spezifika des Portfolios verstanden haben.

Sie nennen es aufgrund der geografischen Verteilung der Objekte WESTPHALIA und sehen folgende Vor- und Nachteile:

Abb. 1: Vor- und Nachteile Portfolio WESTPHALIA

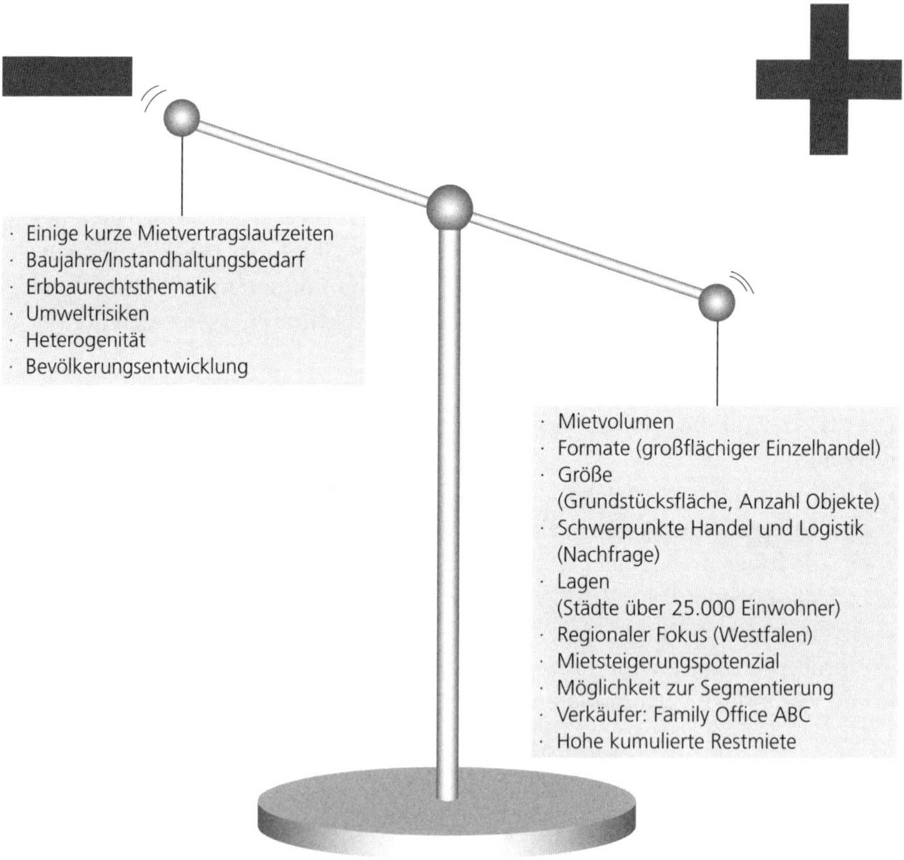

· Einige kurze Mietvertragslaufzeiten
· Baujahre/Instandhaltungsbedarf
· Erbbaurechtsthematik
· Umweltrisiken
· Heterogenität
· Bevölkerungsentwicklung

· Mietvolumen
· Formate (großflächiger Einzelhandel)
· Größe
  (Grundstücksfläche, Anzahl Objekte)
· Schwerpunkte Handel und Logistik
  (Nachfrage)
· Lagen
  (Städte über 25.000 Einwohner)
· Regionaler Fokus (Westfalen)
· Mietsteigerungspotenzial
· Möglichkeit zur Segmentierung
· Verkäufer: Family Office ABC
· Hohe kumulierte Restmiete

Wenngleich man erst ganz zu Beginn des Prozesses steht und die Datenlage noch rudimentär ist: Die frühe Frage des Verkäufers nach dem Wert des Portfolios ist legitim. Sie wird kommen. Ein Immobilientransaktionsberater sollte den Mut aufbringen, gut zu schätzen, von Anfang an. Ergo clustert man das Portfolio grob, analysiert die verschiedenen Segmente Handel, Logistik, Büro, Spezialimmobilie (hier: Entertainment), Parkhaus und Grundstücke und diese wieder unterscheidet man detailliert nach Formaten (im Handel also SB-Warenhäuser, Fachmarktzentren, Supermärkte und Discounter). Zu differenzieren ist dann nach Lang- und Kurzläufern, nach „alten" und „neuen" Gebäuden und vielen weiteren Kriterien, bei denen Lage und Restmiete bzw. Laufzeit die Hauptrollen spielen. Im ersten Wurf kommen die Berater auf einen realistischen Kaufpreis von ca. 227 Millionen Euro, vor den noch nicht einzuschätzenden Abzugsposten Instandhaltungsaufwand, Umweltrisiken und Recht, Projektkosten etc. Dies entspricht grob einem Faktor 9,78 auf die Jahresnettokaltmiete von 23,1 Millionen Euro für das heterogene Paket. Die Varianz wird mit plus zehn Millionen Euro (falls der Markt anzieht) bis minus zehn Millionen Euro (bei einem etwas schwächeren Markt) angegeben. Weitere Faktoren wie bestehende Optionen können zu diesem Zeitpunkt natürlich noch nicht berücksichtigt werden.

Abb. 2: Cluster und erste Grobschätzung des Wertes in Mio. Euro

	Kurzläufer		**Langläufer**	
Eigentum	Objekte	9	Objekte	5
	Mietüberschuss	7,9 Mio. Euro	Mietüberschuss	9,0 Mio. Euro
	WALT	5,8 Jahre	WALT	14,3 Jahre
	· Vervielfältiger	~9,0	· Vervielfältiger	13,5
	- Nachvermietung		- Gängiger Marktpreis	
	- Projektentwicklungen		für gute Lagen	
	· **Enterprise Value**	**~70 Mio. Euro**	· **Enterprise Value**	**~122 Mio. Euro**
Erbbaurecht	Objekte	5	Objekte	2
	Mietüberschuss	2,7 Mio. Euro	Mietüberschuss	1,4 Mio. Euro
	WALT	4,0 Jahre	WALT	9,7 Jahre
	· Vervielfältiger	6,0	· Vervielfältiger	9,5
	- Abschlag Finanzierung		- Abschlag Finanzierung	
	der Erbbaurechte		der Erbbaurechte	
	· **Enterprise Value**	**~16 Mio. Euro**	· **Enterprise Value**	**~13 Mio. Euro**
	Total			**~227 Mio. Euro**

3 Leersteher/Andere ~6 Mio. Euro

Abb. 3: Interne Schätzung des Kaufpreises in Mio. Euro I

· Der Equity Value ist der Kaufpreis ohne Abzüge („Nettokaufpreis").
· Der Enterprise Value gibt den Marktwert bei sehr gutem Zustand der Gebäude wieder.
· Es müssen neben den über die Vervielfältiger bereits abgebildeten Abschlägen für
  - auslaufende Mietverträge
  - Erbbaurechte
  weitere Kaufpreisreduzierungen einkalkuliert werden.

	−	„Normalfall"	+
Enterprise Value WESTPHALIA in Mio. Euro	~217	~227	~237
– Instandhaltungsaufwand in Mio. Euro	~15	~10	~5
– Umweltrisiken in Mio. Euro	~10	~7	~5
– Sonstiges (Recht, Reserve) in Mio. Euro	~5	~4	~5
Equity Value WESTPHALIA in Mio. Euro	~187	~206	~224
+ Mehrerlöse Brilon, Hamburg, Dortmund (Parkhaus) in Mio. Euro	~2	~6	~11
Equity Value gesamt in Mio. Euro	~189	~212	~235

Diese Einschätzungen zeigen: Mit den ca. 227 Millionen Euro hat man nunmehr einen ersten groben Richtwert für das Immobilienpaket. Das Family Office insgesamt ging von einem ähnlichen Wert aus, nämlich 220 Millionen Euro, einige Familienmitglieder allerdings von einem signifikant niedrigeren, der ein oder andere auch von einem deutlich höheren. Eine weitere wichtige Erkenntnis ist, dass der wahre Wert sehr stark von den noch festzustellenden Abzugsposten abhängt, namentlich den Instandhaltungs- und Umweltrisiken. Und so variiert der „Equity Value", also der Betrag, der beim Eigentümer letztlich ankommt, zwischen geschätzten 189 und geschätzten 235 Millionen Euro, also immerhin um fast 50 Millionen Euro. Hinzu kommt, dass die angenommenen Mehrerlöse aus dem Verkauf der kleineren Objekte noch zu stark variieren, u. a. kennt man die exakte baurechtliche Situation in Hamburg noch nicht. Und selbstverständlich wird die Marktlage in sechs oder neun Monaten entscheidend sein, nicht die heutige. Man diskutiert und bringt einige neue Fakten auf. Aber die Systematik ist einleuchtend. Insgesamt ist man vom Berater angetan und möchte ihn mandatieren.

2.2 Aufgabenspektrum und Beratervertrag

Verglichen mit dem späteren Notarvertrag ist die Mandatierung des Beraters zwar nur eine Lappalie. Gleichwohl ist dies traditionell jeweils das erste Mal, dass die Wellen hochschlagen – eine gute Übung für spätere Stürme. Da es ohnehin gilt, zum Projektstart alle anfallenden Arbeiten aufzulisten und die Verantwortlichkeiten zu klären, sollte dies gleich im Mandatsvertrag seinen Niederschlag finden. Hält man sich an ein erprobtes Grundschema, so sind nur wenige „kritische Punkte" zu entscheiden. Der Mandatsvertrag zwischen Auftraggeber und Auftragnehmer sollte mindestens folgende Punkte beinhalten:

Im Rubrum
- die korrekte Auflistung der Verkäuferfirmen (wobei insbesondere bei Großkonzernen, Family Offices und Private-Equity-Fonds die exakten Verkäuferfirmen gerne erst in einem zweiten Schritt auftauchen) sowie
- die Beratungsfirma,

in der Präambel
- Art und Umfang der Transaktion, also Asset oder Share Deal,
- welche Immobilien/Gesellschaften etc. pp. sowie
- andere denkbare Arten des Mandats, z.B. Refinanzierung, Beschaffung von Mezzanine-Kapital oder Eigenkapital,
- die Erklärung des Auftraggebers, zur Erteilung des Mandats berechtigt zu sein.

Bei der Rolle des Auftragnehmers, also des Beraters, sind folgende Punkte zu klären:
- Sucht man einen reinen Nachweismakler oder einen Berater mit Maklerlizenz?
- Ist man bereit, Exklusivität zu vergeben?
- Will man einen qualifizierten Alleinauftrag vergeben?
- Ist es sinnvoll, jeden anzusprechenden Investor einzeln freizugeben?

Bei der Mandatierung eines reinen Nachweismaklers besteht für den Auftraggeber die Gefahr, dass der Makler nach der Unterzeichnung des Mandatsvertrags lediglich ein paar Anrufe tätigt. Zeichnet sich am Markt echtes Interesse am Portfolio ab, so macht er weiter, wenn nicht, dann nicht. Ratsam ist daher in jedem Fall die Mandatierung eines Beraters, der einen exakt definierten Aufgabenumfang abarbeitet und auch die Bereitschaft signalisiert, darüber hinauszugehen. Im besten Fall erhält der Auftraggeber folgende Leistungen:

a) Allgemeine Leistungen, die direkt vom Auftragnehmer erbracht werden:
- Organisation und Durchführung eines Kick-off-Meetings mit dem Auftraggeber und anderen notwendigen Parteien zur Ingangsetzung der Transaktion,
- Portfolioanalyse und Aufzeigen der verschiedenen Vermarktungsoptionen (Komplettverkauf, Bildung von Portfolios, Einzelverkäufe),
- Besichtigung der Immobilien und Unterstützung bei der Bewertung der Immobilien, ggf. Erstellung von Cashflow-Analysen zur Beurteilung des Finanzierungsspielraums potenzieller Investoren,
- Unterstützung des Auftraggebers hinsichtlich Vorbereitung und Durchführung der Transaktion, Erstellung relevanter To-do-Listen für den Auftraggeber,
- Entwicklung, Aktualisierung und Prüfung einer Liste potenzieller Investoren und Projektentwickler (die „Liste") unter Mitnutzung der Berater-Investorendatenbank in Abstimmung mit dem Auftraggeber und Kontaktaufnahme (Ansprache),
- Erstellung und Versand von Teasern mit einer Kurzbeschreibung der beabsichtigten Transaktion an potenzielle Investoren,
- Versand von Vertraulichkeitsvereinbarungen an Interessenten, wobei der Auftragnehmer diese für den Auftraggeber unterzeichnen darf,
- Erstellung von Markt- und Unternehmensrecherchen zu potenziellen Investoren,
- Erstellung eines Informationsmemorandums und Weiterleitung des Memorandums an die potenziellen Investoren auf der Liste, welche die Vertraulichkeitserklärung unterzeichnet haben,
- Unterstützung des Auftraggebers bei der Erstellung weiterer Unterlagen bezüglich des Portfolios,
- Organisation und Durchführung von Meetings und Telefonkonferenzen mit potenziellen Investoren und Beantwortung relevanter Fragen der potenziellen Investoren,
- Koordination und Durchführung von Objektbesichtigungen mit potenziellen Investoren,
- Entgegennahme, Analyse und Bewertung indikativer Angebote potenzieller Investoren,
- Unterstützung bei Aufbau und Verwaltung eines Datenraums für eine Due Diligence,
- Entgegennahme, Analyse und Bewertung finaler Angebote potenzieller Investoren,
- Beratung des Auftraggebers bei der Analyse der finalen Angebote für das Portfolio,
- Unterstützung bei der Verhandlung der Verkaufsbedingungen,
- Unterstützung bei der Abarbeitung der aufschiebenden Bedingungen (CPs),

- Erstellung von Zwischenberichten über den Stand des Verkaufsprozesses und Erstellung von zusammenfassenden Reports zu den eingegangenen Angeboten.

b) Koordination der Tätigkeit von Drittfirmen/weiteren Beratern nach Freigabe und eigener Mandatierung durch den Auftraggeber. Die Kosten für Drittfirmen/weitere Berater trägt der Auftraggeber:
- Koordination der evtl. notwendigen Vermessung der Portfolioobjekte,
- Koordination der Erstellung von Wertgutachten sowie technischer und Umweltgutachten sowie bei der Recht- und Steuer-Due-Diligence,
- Koordination der Erstellung von Vertraulichkeitsvereinbarungen, Kauf- und Mietverträgen sowie sonstigen für die Transaktion relevanten Verträgen mit den Rechtsberatern des Auftraggebers,
- Koordination der Umsetzung und Führung eines elektronischen Datenraums durch einen Spezialisten für elektronische Datenräume,
- Koordination der käuferseitig mandatierten Berater, finanzierenden Banken, Notare und weiterer Dritter.

Hat man sich auf diesen umfangreichen Maßnahmenkatalog verständigt, so ist es sinnvoll, dem Berater auch Exklusivität für den Auftrag zu erteilen und als Auftraggeber der „Hinzuziehungspflicht" zuzustimmen. Das heißt, wenn sich Interessenten direkt an den Verkäufer/Prinzipal wenden und nicht an den Berater/Mediator, dann zieht der Verkäufer seinen Berater automatisch hinzu. Die Erfahrung aus Dutzenden von Projekten lehrt, dass die notorischen Versuche der Verkäufer, zweigleisig zu fahren und mit einigen Interessenten direkt zu verhandeln und mit anderen via Berater oder gar mit mehreren konkurrierenden Maklern bzw. Beratern gleichzeitig zu arbeiten, rasch zu chaotischen Verhältnissen und recht peinlichen Situationen führen. Die Erfolgschancen sinken, nicht zuletzt, weil der Verkäufer ab einem gewissen Punkt unerfahren ist und die Motivation von mehreren Beteiligten eben nur ein paar Prozent der Motivation eines exklusiv Mandatierten beträgt. Da etwa nur ein Drittel aller Projekte „ruhig" verläuft, ein Drittel spürbar seine Höhen und Tiefen hat und das letzte Drittel durchaus seine Spuren hinterlässt, ist die Motivation aller Beteiligten nicht selten ausschlaggebend für den Projekterfolg. Nur wer in jeder Situation über Monate hinweg „die extra Meile geht", wird am Ende auch den maximalen Kaufpreis erzielen.

Zentral für jeden strukturierten Verkauf ist die Marktansprache, beginnend mit der Auswahl der geeigneten Investoren. Hier stellen sich während der Mandatsverhandlung zwischen Prinzipal und Mediator regelmäßig folgende Fragen:

- Wie hoch ist die ideale Zahl anzusprechender Investoren?
- Wie sollte der Mechanismus der Freigabe gestaltet sein?

Zur optimalen Zahl von möglichen Käufern sei zunächst angemerkt, dass der Immobilienmarkt trotz seiner beeindruckenden Größe ein Dorf ist und dass Vertraulichkeitsvereinbarungen in etwa denselben Schutz bieten wie Jodtabletten gegen Atomstrahlen. Sobald ein größeres Paket lanciert wird und mehr als drei Investoren angesprochen werden, ist das Projekt in der Regel am Markt bekannt. Zwölftausend registrierte Maklerfirmen, zweimal so viele ohne § 34 c GewO („Maklerlizenz") und tausende von Investoren müssen auf ihren beiden Messen, der MIPIM im März in Cannes und der EXPO REAL Anfang Oktober in München, schließlich Gesprächsstoff haben. Zum Kreis der Eingeweihten kommen weiterhin die Anwaltsfirmen und Wirtschaftsprüfer, die selbstverständlich alle ihrer Pflicht zur Verschwiegenheit stets zu einhundert Prozent nachkommen, Vermesser, technische und Umweltgutachter, Datenraumprovider, Strategieberater, Sekretärinnen, Mitarbeiter der Copyshops etc. pp. Und sollte das Projekt dennoch einige Monate unerkannt laufen, so findet sich bisweilen der Vorstandsvorsitzende des Verkäufers höchstpersönlich, der dann während der laufenden Vertragsverhandlungen in Interviews mit führenden Zeitungen die Schwächen des eigenen Portfolios herausstellt und den Verkaufspreis öffentlich zig Millionen zu niedrig ansetzt.

Vor diesem Hintergrund sollte die Zahl der anzusprechenden Investoren nicht zu niedrig sein. Warum nur fünf ansprechen, wenn man 50 geeignete Kandidaten hat? Andererseits bringt es wenig, aberhunderte blindwütig anzugehen. Etwa fünfzig Kandidaten in der ersten Welle anzuschreiben und weitere 50 als zweite Welle in der Hinterhand zu behalten, hat sich in der Vergangenheit als die richtige Größenordnung für ein Portfolio à la WESTPHALIA erwiesen. Zwar verliert man dann sofort diejenigen, die „off market" eine „Blitztransaktion" versprechen „unter Wahrung absoluter Vertraulichkeit". Aber diese Kandidaten bieten erfahrungsgemäß ohnehin 25 bis 30 Prozent weniger Kaufpreis als der Markt einige Wochen später.

Auch beim Mechanismus der Freigabe gilt: Keep it simple. Man hat in den vergangen Jahren die kompliziertesten Konstrukte gesehen mit Anfrage beim Klienten, Sichtung, vorläufiger und endgültiger Freigabe. Dies verzögert den Prozess, macht ihn unnötig komplex und sät Misstrauen zwischen Auftraggeber und Auftragnehmer. Die einfachste Lösung ist auch die beste: der Berater sucht aus seiner mehrere tausend Investoren umfassenden Datenbank anhand einer klaren Kriterienliste die 50 besten aus, geht die Liste einmal mit dem Klienten durch, streicht die unerwünschten Kandidaten und erhält dann nach Freigabe der überarbeiteten Liste Kunden- und Quellenschutz.

Hilfreich ist auch die Ausstellung eines Mandatsbriefes für den Berater. Dieser kann gleichsam als Beweis für die exklusive Mandatierung bei der Erstansprache beigefügt werden und versichert so dem angesprochenen Investor, dass der Berater/Makler nicht Teil einer in der Branche so weit verbreiteten „Maklerkette" ist. Ergo, etwas salopp formuliert: Makler Müller hat von Makler Meier gehört, dass Makler Schulze oder auch Makler Hinz oder Kunz eventuell ein Portfolio von Klient A oder B habe. So genau wisse man das nicht, aber der Angesprochene sei bereits jetzt provisionspflichtig.

Ein Portfolio in der Größenordnung von 200 Millionen Euro kann, wenn die Datenlage gut ist, der Auftraggeber zügig entscheidet und der Markt funktioniert, binnen sechs, sieben Monaten notariell beurkundet werden („Signing"). Weitere zwei, drei Monate braucht man in der Regel für die Abarbeitung der aufschiebenden Bedingungen („Conditio precedent", CP) bis zum Zahlungseingang („Closing"). Zählt man eine gewisse Reserve für Weihnachts- oder Sommerferien, Verhandlungsmäander oder sonstige Zwischenfälle ein, sollte die Vertragsdauer ein Jahr betragen.

Der verhandlungsintensivste Punkt zwischen Auftragnehmer und Auftraggeber dürfte neben dem Zeitplan die Frage der Vergütung sein. Hier sind folgende Aspekte relevant:
- Erstattung von Auslagen („Expenses"),
- monatliche Pauschale („Retainer"),
- Einmalbetrag für den Abbruch des Projektes durch den Auftraggeber („Break-up Fee"),
- Erfolgshonorar („Success Fee") und
- zusätzliches Erfolgshonorar („Kicker" oder „Radget").

Die Erstattung von gerechtfertigten Auslagen wie Reise- oder Übernachtungskosten ist für (nahezu) alle Auftraggeber eine Selbstverständlichkeit. Anzuraten ist eine Genehmigungspflicht für Beträge ab einer gewissen Größenordnung wie zum Beispiel 500 Euro oder für Flüge.

Härter umkämpft ist dagegen das Zahlen von Retainern. Nicht wenige Auftraggeber stellen einen seitenlangen Forderungskatalog an Aufgaben für ihren Berater auf und argumentieren dann beim Punkt monatliche Pauschale, er sei ja nur ein Makler und werde mit dem Erfolgshonorar entlohnt. Dies wird (auch bei einer Jahresnettokalt-miete im zweistelligen Millionen-Euro-Bereich) oft mit Hinweisen auf fehlende Liquidität untermauert. Aufgrund seiner Machtstellung in dieser Situation – der Prinzipal hat letztlich den Auftrag zu vergeben und sitzt am sprichwörtlich längeren Hebel – kann er diesen Punkt auch durchsetzen, wenn er darauf beharrt. Allerdings hilft ein Blick auf die Dimensionen gegebenenfalls, diese emotionale Thematik zu versachlichen. Der Prinzipal legt Folgendes fest: Es sollen 200 Millionen Euro Minimum-Verkaufspreis erzielt werden. Der angestrebte Zielpreis ist in unserem Beispiel 220 Millionen Euro. Das Maximum wird mit 240 Millionen Euro angesetzt. In diesem Stadium lässt der Prinzipal offen, ob diese Zahlen vor oder nach Abzügen von Kosten (Recht, Umwelt, Technik etc.) zu verstehen sind. Die Projektkosten wer-den nolens volens einige Millionen Euro betragen. Diese setzen sich zusammen aus „echten" Zahlungen für Externe und „Soda"-Kosten für Interne. Ob hier die dreißig- oder vierzigtausend Euro monatlicher Retainer für den Berater, die ohnehin auf das Erfolgshonorar anzurechnen sind, kriegsentscheidend für den Verkäufer sind, sei dahingestellt. Dem Berater dagegen helfen sie enorm. Sie zeigen auch ein gewisses Maß an Vertrauen von Auftraggeber zu Auftragnehmer und die Bereitschaft, das Portfolio wirklich veräußern zu wollen. Und warum sollte der Berater, wenn er meh-rere Mandate wahrnimmt, bei seinem Engagement und seinen Ressourcen nicht denjenigen Klienten bevorzugen, der ihm einen monatlichen Retainer zahlt?

Die Höhe des Erfolgshonorars hängt stark von der Gesamtgröße der Transaktion ab. Sie beträgt bei kleinen Objekten in attraktiven Lagen unter einer Million Euro Ver-kaufspreis bei reiner Nachweismaklertätigkeit bis zu 7,14 Prozent inkl. Mehrwert-steuer und sinkt mit zunehmender Projektgröße. Für ein Portfolio im unteren dreistelligen Millionenbereich sind ein bis zwei Prozent Erfolgshonorar marktüb-lich, je nach Schwierigkeitsgrad der Immobilien. Ein Portfolio ist in der Regel umso schwerer zu vermitteln,

- je heterogener es ist (Marktsegmente, Formate, Objektgröße),
- je schlechter die Standorte sind (Einwohnerzahl, Zentralität, Kaufkraft, Image des Bundeslandes),
- je höher der Instandhaltungsstau ist,
- je größer die Umweltschäden sind,
- je größer der Leerstand ist,
- je komplizierter die Eigentumssituation ist (Erbpacht, Teileigentum),
- je mehr Rechtsstreitigkeiten anliegen,
- je schlechter die Datenlage ist,
- je schlechter die Bonität des Mieters ist,

- je schlechter die laufenden Mietverträge sind (Laufzeit, Kündigungsrechte, einseitige Optionen).

Weiterhin liegt auf der Hand, dass ein Portfolio, das schon einmal erfolglos quer über den Marktplatz getragen wurde, recht schwer in kurzer Zeit zu einem guten Preis zu veräußern ist. Alle oben aufgeführten Punkte sind potenzielle „Dealbreaker" und erfordern zumindest ein sichtbares Mehr an Arbeit, das entsprechend incentiviert sein sollte. Zwei Mechanismen kommen diesem Wunsch des Beraters entgegen: zum einen eine (Teil-)Zahlung des Erfolgshonorars direkt nach dem Notartermin und nicht erst nach dem Zahlungseingang und zum anderen der „Kicker". Wird ein realistisch angesetzter Verkaufspreis übertroffen, so ist es üblich, dem Berater über das Erfolgshonorar hinaus einen Teil des Mehrerlöses, z.B. zwanzig Prozent bei Einzelobjekten und zehn Prozent bei Portfolios, zu zahlen, wenn er sehr gute Arbeit geleistet hat.

Ein weiterer wichtiger Bestandteil des Mandatsvertrages ist die intensive Unterstützung durch den Auftraggeber, in erster Linie durch Datenlieferungen, regelmäßigen Informationsaustausch und das Treffen von notwendigen Entscheidungen. Darüber hinaus sind die Fragen der Haftung und einige Formalia wie Schriftformerfordernis, Recht, Gerichtsstand und die salvatorische Klausel zu berücksichtigen. Mit der Unterschrift der zweiten Partei beginnt dann der strukturierte Verkaufsprozess.

Doch bevor es an das zeitaufwändige Sammeln der Daten geht, sind noch einige wichtige strategische Punkte zu klären: Welche Objekte müssen, welche sollen verkauft werden? Muss unbedingt alles in einem Portfolio verkauft werden? Oder wäre man auch bereit, Cluster zu bilden und verschiedene Teilportfolios zu vermarkten? Konkret hieße dies, zum Beispiel die zehn SB-Warenhäuser in ein Paket zu geben und insgesamt drei, vier oder fünf kleinere Pakete zu vermarkten. Die Vor- und Nachteile liegen klar auf der Hand. Ein Portfolioverkauf aller 24 Objekte ist wünschenswert aufgrund der deutlich geringeren Komplexität und der höheren Wahrscheinlichkeit, alle Objekte zu einem Zeitpunkt zu veräußern. Scheitert man allerdings, hat man nichts in der Hand und bleibt auf den Kosten sitzen. Geht man den anderen Weg und bietet homogene Teilportfolios an, steigt die Komplexität, man hat verschiedene Käufergruppen, abweichende Zeitpläne usw., aber eventuell auch einen etwas höheren Verkaufspreis. Das Family Office entscheidet pragmatisch, einen Portfolioverkauf zu versuchen, diesen mit erster Priorität anzugehen und die Marktansprache danach auszurichten. Aber als Plan B sieht man auch den Verkauf von Teilpaketen vor und gegebenenfalls den einzelner Immobilien. Man weiß ja nie.

3   Verkäuferseitige Aufgaben

3.1   Die Festlegung des Portfolios

Essenziell ist die – möglichst verbindliche – Festlegung des zu verkaufenden Portfolios, wenn nicht zu Beginn des Projektes, so doch zumindest vor der Marktansprache. Denn nichts macht es einem Käufer leichter, den Preis über Gebühr zu senken, als eine nachträgliche Änderung des Verkaufsgegenstandes. Selbst kleine Änderungen werden dann unweigerlich als „Katastrophen" deklariert. Die Herausnahme eines leer stehenden Discounters in Castrop-Rauxel, aus Käufersicht dann eindeutig die Perle des Portfolios, kann und wird den Verkäufer Millionen kosten. Angesichts dieser Tatsache sollte auf diesen Aspekt einige Mühe verwandt werden. Unser Beispielportfolio besteht, wie gesehen, aus folgenden insgesamt 24 Immobilien:

Abb. 4: Zusammensetzung des Portfolios WESTPHALIA

Nr.	Objektart	Standort	Bundes-land	Typ	Eigentum	Mietflä-che in m²
1	SB-Waren-haus	Bochum	NRW	Kurzläufer	Eigentum	2.600
2	SB-Waren-haus	Minden	NRW	Kurzläufer	Erbbau	3.800
3	SB-Waren-haus	Hamm	NRW	Mittlere Laufzeit	Erbbau	3.500
4	SB-Waren-haus	Gelsenkirchen	NRW	Langläufer	Erbbau	11.700
5	SB-Waren-haus	Rheine	NRW	Langläufer	Eigentum	6.800
6	SB-Waren-haus	Bielefeld	NRW	Mittlere Laufzeit	Erbbau	7.200
7	SB-Waren-haus	Paderborn	NRW	Langläufer	Erbbau	5.000
8	SB-Waren-haus	Jena	Thüringen	Kurzläufer	Eigentum	6.900
9	SB-Waren-haus	Porta Westfalica	NRW	Mittlere Laufzeit	Eigentum	5.300
10	SB-Waren-haus	Bottrop	NRW	Mittlere Laufzeit	Erbbau	4.900
11	Fachmarkt-zentrum	Siegen	NRW	Mittlere Laufzeit	Eigentum	24.800
12	Fachmarkt-zentrum	Bergkamen	NRW	Langläufer	Eigentum	16.700
13	Cash & Carry	Hagen	NRW	Leersteher	Eigentum	15.900
14	Supermarkt	Münster	NRW	Kurzläufer	Eigentum	2.200
15	Supermarkt	Herne	NRW	Langläufer	Eigentum	1.900
16	Discounter	Warburg	NRW	Langläufer	Eigentum	1.500

Nr.	Objektart	Standort	Bundes-land	Typ	Eigentum	Mietflä-che in m²
17	Discounter	Dortmund	NRW	Kurzläufer	Eigentum	1.100
18	Discounter	Brilon	NRW	Leersteher	Eigentum	900
19	Büro	Hannover	Nieder-sachsen	Kurzläufer	Erbbau	10.400
20	Logistik-zentrum	Ulm	Baden Württem-berg	Langläufer	Eigentum	80.000
21	Logistik-zentrum	Bad Wünnenberg-Haaren	NRW	Mittlere Laufzeit	Eigentum	36.000
22	Kino	Osnabrück	Nieder-sachsen	Mittlere Laufzeit	Eigentum	8.900
23	Parkhaus*	Dortmund	NRW	Kurzläufer	Eigentum	5.700
24	Grundstück	Hamburg	Hamburg		Eigentum	0
Summe						**263.700**

*453 Stellplätze

Weitere Rahmenbedingungen: Der Verkäufer ist hier ein Family Office. Die anfängliche Jahresnettokaltmiete (JNKM) beträgt rund 23,1 Millionen Euro. Die durchschnittliche gewichtete Restlaufzeit der Mietverträge beträgt etwas über neun Jahre, gerechnet ab Zugang des Informationsmemorandums beim potenziellen Käufer. Die kumulierte nominale Restmiete, also die Summe der bereits heute vertraglich gesicherten Mieteinnahmen, beläuft sich auf 213 Millionen Euro. Die Gesamtgrundstücksfläche lautet auf circa 450.000 Quadratmeter, die Gesamtnutzfläche, also die vermietbare Fläche, auf etwa 250.000 Quadratmeter. Der Leerstand beträgt zu Beginn des Projektes fünf Prozent auf Fläche und Miete gerechnet. Der Berater ist exklusiv mandatiert. Hauptmieter sind eine SB-Warenhauskette (28 Prozent der Jahresmiete) mit mittlerer Bonität, deren Mutter allerdings keine Patronatserklärung für die Tochter abgibt, sowie ein internationaler Logistikkonzern (26 Prozent der Jahresmiete). Insgesamt stammen von beiden Hauptmietern also 54 Prozent der Anfangsmiete und sogar 65 Prozent der Gesamtmiete. Einige der Immobilien liegen in Grundstücksgesellschaften und man hofft, durch den Verkauf der Gesellschaftsanteile keine Grunderwerbsteuer zahlen zu müssen. Die Objekte liegen überwiegend in den alten Bundesländern, im nördlichen Nordrhein-Westfalen und im südlichen Niedersachsen (sowie drei „Ausreißer" in Hamburg, Jena und Ulm), also grosso modo im westfälischen Sprach- und Mentalitätsraum. Daher entscheidet man sich auf Verkäuferseite nun endgültig, das Portfolio WESTPHALIA zu nennen.

3.2   Die Vendor Due Diligence/das Verkäuferteam

Bevor der Markt angesprochen werden kann, muss der Verkäufer seine Hausaufgaben machen. Zum einen sind selbstverständlich alle gesetzlichen Vorschriften, zum Beispiel die Hinweispflicht auf Schäden an Gebäuden etc., zu befolgen. Zum anderen werden die Anwälte und Berater der Käuferseite in den folgenden Monaten mit sehr hoher Wahrscheinlichkeit das Portfolio genauestens analysieren. Daher sollte der Verkäufer diese käuferseitige Prüfung („Due Diligence") gleichsam vorwegnehmen, indem er sie selbst einmal durchführt und sich entsprechend vorbereitet. Im Rahmen dieser sogenannten „Vendor Due Diligence" sind unter anderem pro Objekt einige standardisierte Aufgaben abzuarbeiten:
- Einholen des Bodenrichtwertes,
- Eruieren der Zentralität,
- Feststellen der Kaufkraft,
- Klären der genauen Eigentumsverhältnisse,
- Auffinden der Mietverträge samt aller Nachträge und Optionen,
- Zusammenführen der zentralen Unterlagen angefangen von Grundbuchauszug über Baugenehmigungen und Pläne etc. anhand einer detaillierten Checkliste, deren Auflistung den Rahmen dieses Buches bei weitem sprengen würde.

Darüber hinaus sind für einige Spezialthemen der Vendor Due Diligence zusätzliche Berater zu mandatieren:
- Rechtsanwälte,
- Steuerberater,
- Vermesser,
- Technische Gutachter,
- Umweltgutachter und
- Datenraumprovider.

Die Kosten für diese anwachsende Mannschaft sind nicht unerheblich. Aber weder der Projektleiter noch das für die Transaktion geholte Beraterteam können respektive dürfen die genannten Aufgaben erfüllen. Sie sind aufgrund ihrer Erfahrung und Stellung jedoch sehr wohl in der Lage, die neuen Helfer zu steuern, zu koordinieren, zu kontrollieren oder im schlimmsten Falle auszutauschen. Üblicherweise wachsen der vom Auftraggeber abgestellte Projektleiter und der Kopf des externen Berater-teams in dieser Phase gut zusammen und legen hier eine Basis für die künftige Ko-operation. Sinnvoll ist es, als erstes die Rechtsanwälte zu rekrutieren, so dass diese bereits die Mandatsverträge der anderen Gewerke kontrollieren und gegebenenfalls optimieren können. Wie immer, sollte sich der Auftraggeber mit zwei oder drei Un-ternehmen pro „Gewerk" intensiv auseinandersetzen und in dieser Phase lieber eine Woche mehr investieren, um anschließend mit der bestmöglichen Truppe zu arbeiten.

Nicht selten erfolgt am Ende des ersten Monats der erste Aufschrei von Seiten des Prinzipals: Zu komplex sei die gewählte Aufstellung („früher haben wir solche Deals mit drei Mann gemacht"), zu teuer sowieso und zu langsam allemal („Ein Nachweis-makler hätte nun bereits die ersten Investoren gebracht und das Portfolio womög-lich schon verkauft"). An dieser Stelle hilft ein Blick auf die Investoren: Wer immer auch kauft, er wird – ungeachtet gegenteiliger eigener Aussagen – mit sehr hoher Wahrscheinlichkeit eine finanzierende Bank hinzuziehen (wahrscheinlich eher zwei bis drei, und diese werden die Transaktion wohl syndizieren, aber das führt hier zu weit). Diese Bank arbeitet völlig unbeeindruckt von der Außenwelt nach ihrer Checkliste. Ehe sie die circa zwei Drittel des Kaufpreises, die sie als Fremdka-pital stellt, freigibt, stellt sie dem Investor hunderte von Fragen und checkt alle Fak-ten gründlichst ab. Der Chief Risk Officer und das Investment Committee der Bank(en) werden definitiv die Quadratmeter prüfen oder prüfen lassen, die Grund-buchauszüge ebenso wie die gesamte Rechtsthematik, den Instandhaltungsstau, den technischen Zustand und die Umweltrisiken ebenso wie die Mieten, die Lagen und die Bonität der Mieter. Es wird keine Freigabe von 150 Millionen Euro Fremd-kapital ohne Klärung dieser essenziellen Fragen geben. Erst wenn die letzte Box des Chief Risk Officers ein Häkchen hat, gibt es einen Deal. Vorher nicht.

Vor diesem Hintergrund ist es eigentlich unabdingbar, eine gründliche Vendor Due Diligence durchzuführen, das heißt, die Daten bestmöglich aufzubereiten. Dies wird bei unserem Beispielportfolio zwei oder drei Monate in Anspruch nehmen.

3.3   Ziele und Zeitplan im Überblick

Ein Verkäufer muss drei Hauptziele zugleich im Auge behalten:
1. die Transaktionssicherheit,
2. die Optimierung des Kaufpreises und
3. die Dauer des Verkaufsprozesses bis zum Notartermin bzw. Geldeingang.

Gleichzeitig möchte er mit dem Zahlungseingang seine Ruhe haben und sich danach nicht mehr mit Haftungsfragen und hunderten von Details beschäftigen. Dies gilt umso mehr für den Verkäufer von WESTPHALIA, ein deutsches Family Office mit Sitz in Münster, Westfalen. Die Besitzerin der Immobilien und Gesellschaften hat aus strategischen Gründen beschlossen, ihr Kapital großteils in Wohnungen zu investieren und sich aus dem Segment Handel teilweise zurückzuziehen. In Absprache mit ihrem Projektleiter und dem Chef des Beraterteams hat sich die Familie entschieden, obige 24 Immobilien in ein Portfolio zu begeben und dieses wenn möglich in Gänze zu veräußern. Ende Oktober hat das Family Office seinen Beschluss dem Berater mitgeteilt und ihn Anfang November mandatiert. Dies gibt dem Team nun gute zehn Wochen Zeit, alle Daten zu sammeln und zu sichten, um – psychologisch günstig – mit seinem Wissensvorsprung nach der Weihnachtspause Anfang/Mitte Januar den Markt anzusprechen. Grob vereinfacht sieht der Projektzeitplan wie folgt aus:

Abb. 5: Zeitplan Projekt WESTPHALIA

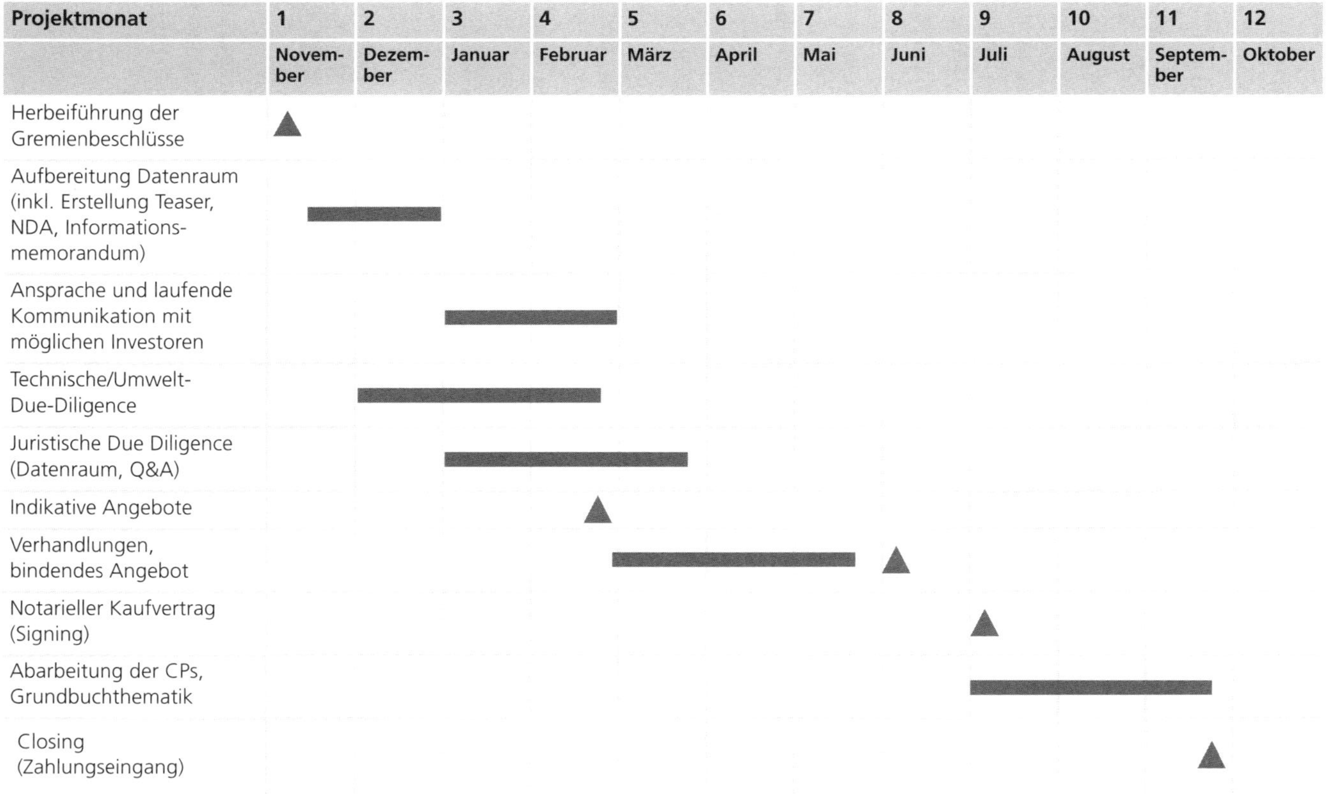

Projektmonat	1	2	3	4	5	6	7	8	9	10	11	12
	November	Dezember	Januar	Februar	März	April	Mai	Juni	Juli	August	September	Oktober
Herbeiführung der Gremienbeschlüsse	◄											
Aufbereitung Datenraum (inkl. Erstellung Teaser, NDA, Informationsmemorandum)		▬	▬									
Ansprache und laufende Kommunikation mit möglichen Investoren			▬	▬	▬							
Technische/Umwelt-Due-Diligence		▬	▬	▬	▬							
Juristische Due Diligence (Datenraum, Q&A)			▬	▬	▬	▬						
Indikative Angebote					◄							
Verhandlungen, bindendes Angebot					▬	▬	▬	▬				
Notarieller Kaufvertrag (Signing)									◄			
Abarbeitung der CPs, Grundbuchthematik									▬	▬	▬	
Closing (Zahlungseingang)											◄	

3.3.1   Der Projektstart
(Datenraum und Informationsmemorandum)

Bis zur Marktansprache müssen demnach die Eckdaten von WESTPHALIA bekannt und „fixiert" sein. Auch müssen im November und Dezember aufgrund handfester Kriterien die anzusprechenden Investoren definiert werden. Nochmals: es gibt keine Gesetzmäßigkeit, ob eine kleine Zahl (5 bis 10, „Club-Deal") in Frage kommender Investoren, eine mittlere Zahl (ca. 50, „präzise Vorauswahl") oder eine hohe Zahl (250, „breite Marktansprache") der Stein der Weisen ist und die Wahrscheinlichkeit eines guten oder schnellen Abschlusses steigert. In unserem Beispiel entscheidet sich das Family Office pragmatisch für die Mitte und gibt 50 handverlesene Investoren aus der Datenbank der Transaktionsberater für die erste Welle frei. Parallel dazu wird anhand der unten angeführten detaillierten Checkliste der Datenraum jeden Tag ein Stück vorangetrieben. Weiterhin beginnen die Rechtsanwälte mit der Legal Due Diligence, die anderen Experten mit der Vermessung sowie mit der technischen und der Umwelt-Due-Diligence aller Objekte. Diese vier Reports nehmen etwa einen Monat Arbeit in Anspruch bis zur Vorlage der sogenannten „Red Flag Items", also besonders kritischer Punkte, zwei Monate bis zum ersten Wurf der Gesamtberichte und insgesamt circa vier Monate Arbeit bis zur versandfertigen Version. Daher sollten bei einem Start der Arbeiten Anfang November und der raschen Mandatierung der Due Diligence Experten im November noch vor der Weihnachtspause die ersten wichtigen Erkenntnisse vorliegen. Hier zahlt es sich nun sehr aus, einen erfahrenen Berater zu engagieren, der mit Dutzenden von Rechtsanwaltskanzleien, Vermessern und technischen Gutachtern über Jahre gearbeitet hat. Denn alle Zeitpläne sind rasch Makulatur, wenn der Markt die erforderlichen Ressourcen nicht zeitnah zur Verfügung stellen kann.

In unserem Beispiel wird das verkäuferseitige Team rasch komplettiert und alle Gewerke beginnen noch im November/Dezember mit der Arbeit. Ende Januar liegen in der Tat die ersten groben Entwürfe vor, die dann in Absprache mit den Beratern und dem Projektleiter sowie dessen Assistenten mehrfach ergänzt und verbessert werden. Bis zur angestrebten Abgabe der indikativen Angebote Ende Februar können dem Investor also zumindest die wichtigsten Sachverhalte vermittelt werden, auch wenn die finale Version der Reports erst etwas später zur Verfügung steht. Parallel zur intensiven Arbeit im Datenraum und dem Erstellen und Verfeinern dieser Reports ist das zwei- bis dreihundert Seiten starke Informationsmemorandum zu verfassen, in dem das Portfolio für den Investor detailliert beschrieben wird. Das verkäuferseitige Team hat in dieser Startphase des Projekts also alle Hände voll zu tun.

Aus Sicht der Verkäufer, also des Family Offices, des Projektleiters und der Berater sowie der Vendor-Due-Diligence-Experten, gleicht der Projektverlauf einer Hängebrücke. Die Höhepunkte sind die Mandatierung (in unserem Beispiel Anfang November), der Eingang der indikativen Angebote (hier Ende Februar des Folgejahres) sowie der Notartermin (angestrebt ist Ende Juni) und der Zahlungseingang (erhofft für Ende September). Dazwischen heißt das Motto „frustrationsresistentes Arbeiten". Denn in der Regel tauchen bereits in der Anfangsphase folgende Probleme auf:

- Die Daten zu den Immobilien und Gesellschaften sind nicht vollständig,
- fast alle Reports zeigen größere Probleme auf als angenommen,
- alle Reports und das Informationsmemorandum drohen, erst später als gedacht fertiggestellt zu werden und
- bisweilen droht auch der Prinzipal latent mit dem Projektabbruch.

Rückblickend zeigt sich dann fast immer, dass die Probleme lösbar waren. Ausschlaggebend ist hier nicht selten, dass der Projektleiter und der Chef des Beraterteams einen kühlen Kopf bewahren und über ausreichend erfahrene und belastbare Mitarbeiterinnen und Mitarbeiter verfügen. Es hilft beispielsweise wenig, aus Kostengründen Praktikanten alleine an ein Informationsmemorandum oder Neulinge ohne Führung in den Datenraum zu setzen. Die Beratung muss in dieser Phase ein mehrköpfiges erfahrenes Team stellen. Mindestens zwei Mitarbeiter sollten gemeinsam mit den Datenlieferanten des Verkäufers und den Anwälten die Arbeit im Datenraum leisten. Ein Mitarbeiter muss den Marktteil des Informationsmemorandums bearbeiten, ergo sich unter anderem mit der Situation des Lebensmitteleinzelhandels in Deutschland auseinandersetzen. Zwei weitere erstellen derweil die jeweils zwei- bis vierseitigen Profile pro Immobilie. Selbstverständlich fahren in dieser Phase möglichst mehrere Mitglieder des verkäuferseitigen Teams die Immobilien auch ab, besichtigen sie eingehend und fotografieren sie, bevor der Markt angesprochen wird. Im Hintergrund wählt der Experte für die Datenbank aus tausenden von Unternehmen mit größtmöglicher Sorgfalt diejenigen 50 Investoren aus, deren Profil am besten auf das Portfolio WESTPHALIA passt. Diese Kandidaten müssen sich unter anderem für den deutschen Einzelhandel und für Logistik interessieren, ein heterogenes Portfolio analysieren können, über ausreichend Eigenkapital und über die entsprechende Teamkapazität verfügen.

3.3.1.1   Der Datenraum

Um die Investoren erfolgreich ansprechen zu können, benötigt die Verkäuferseite zwei Tools: zum einen den umfassenden und aussagekräftigen Datenraum, zum anderen ein exzellent aufbereitetes Informationsmemorandum. Der Index des Datenraumes mag andeuten, wie viel Arbeit hier in den nächsten Monaten investiert werden muss:

Abb. 6: Datenraumindex je Objekt bei Asset Deals

Nr.	Unterlagen
1.	**Grundbuch/Katasterkarte/Baulastenverzeichnis/Bescheinigungen**
1.1	Grundbuchauszüge (ggf. Teileigentumsgrundbuch, Erbbaugrundbuch etc.) – Ausstellungsdatum nicht älter als drei Monate
1.2	eventuelle Eintragungsbewilligungen/Dienstbarkeiten
1.3	Bescheinigungen der zuständigen Behörden/Standortgemeinden über Grenzberichtigungs- und/oder Enteignungsverfahren
1.4	Erbbaurechtsverträge
1.5	Erschließungsverträge (offene Erschließungsbeiträge, Erschließungsbeitragsbescheinigungen, städtebauliche Verträge etc.)
1.6	Flurkarte/Auszug aus dem Liegenschaftskataster
1.7	sonstige relevante Unterlagen (z. B. Angaben über Bergschäden, Baulastenverzeichnis, Bombenabwurfkataster, Sanierungsgebiet, Denkmalschutz etc.)
2.	**Bau- und Planungsrecht**
2.1	Planungsrechtsauskunft (GFZ, Baurecht, Bebauungsplan etc.)
2.2	Bauantrag/Baubeschreibung
2.3	Baugenehmigungen (inkl. evtl. Auflagen)
2.4	Bauabnahme (inkl. behördliche Abnahmeunterlagen, Schlussbericht Prüfstatiker, Abnahmemängel, Schlussabnahmebescheinigung etc.)
2.5	sonstige behördliche Abnahmeunterlagen (Gebrauchsabnahmebescheinigungen etc.)
2.6	Stellplatznachweise und Unterlagen über etwaige Stellplatzablösungen/Stellplatzsatzungen (Bestehen öffentliche Auflagen?)

Nr.	Unterlagen
2.7	Aktuelle behördliche Auflagen (Brandschutzauflagen etc.) und laufende Verwaltungsverfahren
2.8	sonstige relevante Unterlagen
3.	**Objekt und technische Unterlagen**
3.1	Architekten- und Gebäudepläne inkl. Erweiterungen (Grundriss, Ansichten, Schnitt, Außenanlagen, Lageplan, Berechnung umbauter Raum)
3.2	Prüfungsprotokolle (z. B. TÜV-Zeugnisse für Aufzüge, Blitzschutz etc.) – jeweils das aktuellste Dokument
3.3	Protokolle zur Brandschau
3.4	Schätzung Instandhaltungskosten des lfd. Jahres (Maßnahmen und Kosten)
3.5	Durchgeführte Instandhaltungen der letzten drei Jahre (Maßnahmen und Kosten)
3.6	sonstige relevante Unterlagen
4.	**Mietverhältnisse**
4.1	aktuelle Aufstellung: Miet- und sonstige Zahlungsrückstände
4.2	aktuelle Angaben zu etwaigen (vollzogenen und/oder angekündigten) Mietminderungen
4.3	Mietverträge (inkl. Nachträge)
4.4	Nutzungsüberlassungsverträge
4.5	Mietsicherheiten (z. B. Kautionen)
4.6	Betriebs- und Nebenkostenaufstellung der vergangenen drei Jahre und für das laufende Jahr
4.7	Aufstellung der nicht umlegbaren Nebenkosten
4.8	etwaige Kündigungen zu derzeit noch bestehenden Mietverhältnissen
4.9	Aufstellung über laufende oder drohende Streitigkeiten mit Mietern mit einem Streitwert von über EUR 10.000,00
4.10	Vermietungs-/Übergabeprotokolle
4.11	sonstige relevante Unterlagen und Informationen (z. B. Mieterinsolvenzen, unerledigte Rügen von Mietern etc.)

Nr.	Unterlagen
5.	**Weitere schuldrechtliche Vereinbarungen im Zusammenhang mit dem Objekt**
5.1	Nachbarschaftsvereinbarungen
5.2	Gestattungsverträge und sonstige Verträge über die Mitbenutzung des Objekts durch Dritte soweit nicht anderweitig enthalten (z. B. Wegerechte)
5.3	Versicherungspolicen (Feuer, Sturm etc.) – Globalversicherung sowie Sonderversicherungen je Objekt
5.4	sonstige relevante Unterlagen
6.	**Ver-/Entsorgungs-, Wartungs-/Dienstleistungsverträge sowie sonstige Facility-Verträge (an den Käufer zu übertragen)**
6.1	Ver- und Entsorgungsverträge (z. B. Wasser, Strom, Wärme, Abwasser, Abfall etc.)
6.2	Wartungsverträge
6.3	Dienstleistungsverträge (z. B. Facility Management, Sicherheitsdienste etc.)
6.4	sonstige Verträge (soweit nicht bereits anderweitig enthalten)
7.	**Objektbezogene Steuern**
7.1	Grundsteuerbescheide/Grundbesitzabgabenbescheide
7.2	Einheitswertbescheide/Einheitswerterklärungen
7.3	sonstige kommunale Abgaben (Sanierungsausgleichsbeiträge, Sondernutzungsgebühren, sonstige Anliegerbeiträge etc.)
8.	**Streitigkeiten**
8.1	Laufende oder drohende gerichtliche Streitigkeiten mit einem Streitwert von über 10.000,00 Euro (z. B. mit Handwerkern etc.)
9.	**Interne und externe Gutachten**
9.1	Wertgutachten
9.2	Altlastenkatasterauskünfte
9.3	sonstige Umweltgutachten
9.4	sonstige Gutachten (z. B. Hochwasserrisiko etc.)
9.5	Angaben zu geplanten, eingeleiteten und/oder abgeschlossenen Sicherungs- bzw. Sanierungsmaßnahmen

Nr.	Unterlagen
9.6	etwaige umweltrechtliche Verfügungen oder Beanstandungen von Behörden, Berufsgenossenschaften oder sonstigen Dritten
9.7	Nachweise über die Erledigung relevanter Arbeiten/Maßnahmen
10.	**Bauverträge/Gewährleistungen**
10.1	Bauverträge, wenn Gewährleistungen vorhanden
10.2	Gewährleistungsansprüche/Sicherheiten/Sicherheitseinbehalte (Auftragsvolumen größer als 10.000,00 Euro)
11.	**Sonstiges**
11.1	Mitteilung aller bestehenden oder auch nur angekündigten behördlichen und/oder berufsgenossenschaftlichen Verfügungen, Auflagen oder Verfahren
11.2	erforderliche behördliche oder privatrechtliche Genehmigungen im Falle einer Veräußerung des Objektes (und/oder einer Beleihung zur Kaufpreisfinanzierung), Vorkaufsrechte etc.
11.3	Fotos der einzelnen Objekte (Außenansicht, Innenansicht, Eingangsbereich, Ladezone etc.)
11.4	Energieausweis

Diese Angaben müssen pro Objekt eingepflegt werden, so dass sich als Controlling-Instrument eine Matrix mit den Achsen Index und Objekte anbietet, die im Fachjargon aufgrund ihrer Größe und des sich ergebenden Musters auch „Tapete" genannt wird. Insgesamt kann die Bedeutung des Datenraumes nicht hoch genug eingeschätzt werden, wird doch in der zweiten Hälfte des Projektes hauptsächlich hier gearbeitet und im Kaufvertrag häufig Bezug auf ihn genommen.

Die zahllosen Anfragen des potenziellen Käufers werden in der Regel über das sogenannte „Q&A Tool" (Question & Answer Tool) beantwortet, so dass diese Vorgänge erfasst und nachvollziehbar sind. Weiterhin kann der Verkäufer in einem elektronischen Datenraum sehen, wann, wie oft und in welche Dateien der potenzielle Käufer Einsicht nimmt.

3.3.1.2   Das Informationsmemorandum

Das zweite Endprodukt, das Informationsmemorandum (IM), ist ebenfalls eine Säule des Projektes. In unserem Beispiel WESTPHALIA besteht es aus drei Teilen: einem zusammenfassenden Teil, der auf das Portfolio als Ganzes eingeht und seine „Story" erzählt, einem zweiten Part, der die Marktsegmente, Formate und Marktteilnehmer sowie Trends behandelt und einem Anhang mit den umfangreichen Einzelbeschreibungen der 24 Objekte.

Die Story und die einseitige Executive Summary entscheiden in gewisser Weise über das Wohl und Wehe des Projektes. Diese Zusammenfassung, gedacht vor allem für die Entscheidungsträger auf der Käuferseite, beinhaltet demnach alle wichtigen Fakten zu WESTPHALIA, also wie gesehen die Anzahl der Objekte, die Art der Assets, die Lage, die Jahresnettokaltmiete, die vermieteten Quadratmeter etc.

3.3.1.2.1 Story des Portfolios WESTPHALIA

Ebenso wichtig ist die „Story": Warum soll man dieses Portfolio erwerben, was sind die ein, zwei Gründe, es den anderen am Markt kursierenden Angeboten vorzuziehen und viel Zeit und Geld darauf zu verwenden. Der Preis alleine ist es nicht, vielmehr wäre es verheerend, das Portfolio zu diesem Zeitpunkt über den Preis zu lancieren. Aufhorchen lässt der Name des Verkäufers, eben ein renommiertes deutsches Family Office, ansonsten sehr zurückhaltend. Aber dies ist noch keine hinreichende Bedingung. Vielmehr ist es die recht hohe Anzahl von SB-Warenhäusern in einem Paket in attraktiven Städten, in denen auf Jahrzehnte kaum mehr Baurecht für Objekte dieser Größenordnung geschaffen werden wird. Dies müsste die nur mittlere und recht unterschiedliche Restlaufzeit und die rückläufige Bevölkerungszahl der Städte in Nordrhein-Westfalen mehr als kompensieren. Und so hebt das Informationsmemorandum sachlich, aber auch werbend, auf folgende Fakten ab:

*   Man verkauft zehn SB-Warenhäuser im Paket,
*   in Städten mit hohen bis sehr hohen Werten bei Zentralität, Kaufkraft und Umsatz,
*   zudem in Städten, die geografisch nahe beieinander liegen, was das spätere Facility Management enorm erleichtern wird,
*   mit einem soliden Hauptmieter.
*   Die garantierte kumulierte restliche Miete beträgt nominal 213 Millionen Euro und
*   anhand der erfragten Bodenrichtwerte beträgt der Wert aller Grundstücke ca. 37 Millionen Euro.

- Die Mietlaufzeiten des Portfolios insgesamt sind in drei Cluster (Kurzläufer: bis fünf Jahre, Mittel: fünf bis zehn Jahre, Langläufer: über zehn Jahre Restmietlaufzeit) unterteilt, so dass der Käufer sich zunächst auf die wenigen Kurzläufer konzentrieren kann.

Abb. 7: Executive Summary Portfolio WESTPHALIA

Überblick Portfolio WESTPHALIA

- Verkäufer: Family Office ABC
- Anzahl: 24 Immobilien, davon 18 Handelsimmobilien
  - 2 Logistikzentren
  - 2 Betreiberimmobilien (Kino, Parkhaus)
  - 1 Büroobjekt
  - 1 unbebautes Grundstück
- Jahresnettokaltmiete: ca. 23,1 Mio. Euro, davon Handel: ca. 12,5 Mio. Euro
  - Logistik: ca. 8,3 Mio. Euro
  - Betreiber: ca. 1,2 Mio. Euro
  - Büro: ca. 1,1 Mio. Euro
- Sieben Immobilien mit Erbpachtverträgen
- Erbbauzins: ca. 734.000 Euro p.a.
- Mietüberschuss: ca. 22,4 Mio. Euro p.a.
- Hauptmieter: deutsche SB-Warenhauskette, internationaler Logistikkonzern
- Geografischer Schwerpunkt (nach Miete): Nordrhein-Westfalen (61%)
- Standorte: 20 der 24 Städte haben eine Zentralitätskennziffer >100
- Mietvertragslaufzeiten: ca. 9,2 Jahre WALT
- Kumulierte Restmiete: 213 Mio. Euro
- Gesamtmietfläche: ca. 264.000 m², davon werden 46,5% im Lebensmitteleinzelhandel und 44,0% als Logistikflächen genutzt
- Leerstand: ~5,0%
- Grundstücksfläche: ca. 456.000 m²
- Grundstückswert: ~37 Mio. Euro
- Baujahre: 10 Objekte nach 2000
  - 8 Objekte zwischen 1990 und 2000
  - 5 Objekte vor 1990
- Baulicher Zustand: kein größerer Sanierungsstau, guter Zustand
- Transaktion: Asset oder Share Deal möglich
- Exklusivmandat: Handelsimmobilien-Beratungsgesellschaft mbH

Abb. 8: Restmietvertragslaufzeit in Jahren

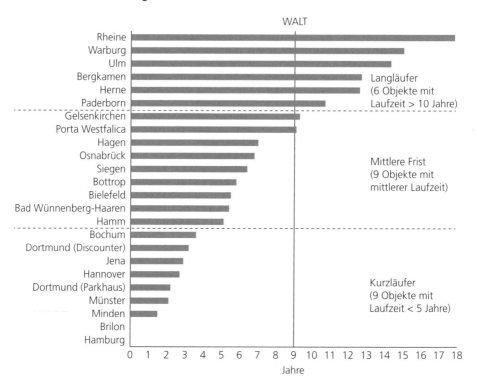

Abb. 9: Verlauf der Restmiete in Mio. Euro über Zeit

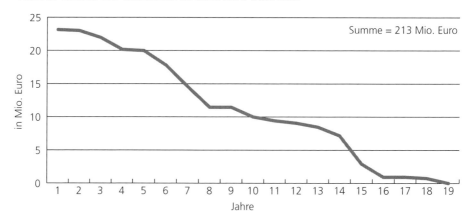

Weiterhin unterstreichen die Schaubilder zur Mieterstruktur und zu jedem einzelnen Mieter im Porträt sowie die Charts zu den Buchwerten der Gesellschaft und
zum Organigramm auf Verkäuferseite die gute Vorbereitung. Selbstverständlich
runden Texte und Schaubilder zu den Marktsegmenten (Handel, Logistik, Büro,
Parken usw.) und Formaten (SB-Warenhäuser, Fachmarktzentren, Cash & Carry,
Supermärkte, Discounter) etc. sowie zu den Städten oder Regionen das Bild ab.

Abb. 10: Verteilung der Jahresnettokaltmiete nach Nutzung in %

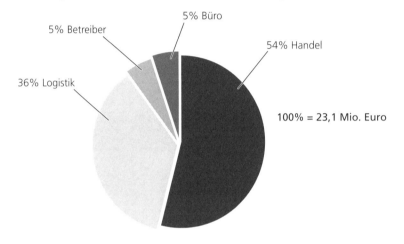

Abb. 11: Verteilung der Jahresnettokaltmiete nach Bundesland in %

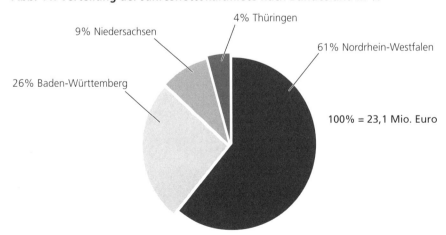

Auch die Einzelbeschreibungen unterstreichen die Werthaltigkeit, enthält doch jede die genaue Adresse, die Mikro- und Makrolage des Objektes, die Nutzungsart, den Eigentumsstatus, das Baujahr, die letzte Sanierung, nochmals alle Angaben zu Miete, Nebenkosten und Fläche sowie mehrere Kennziffern zu Stadt und Bundesland. Gute Fotos unterstreichen diese Wirkung noch.

Abb. 12: Beispielfotos Logistikzentrum

Im Anhang des Informationsmemorandums finden sich, wie an anderer Stelle erwähnt, einige Kerndokumente:

- Portfolioübersicht,
- Übersicht der Erbpachtverträge,
- Übersicht der Ergebnisse der Technischen Due Diligence,
- Übersicht der Ergebnisse der Umwelt-Due-Diligence,
- Übersicht der Ergebnisse der Legal Due Diligence,
- Übersicht einzelhandelsrelevanter Kennzahlen.

Insbesondere auf die Erstellung jener Anhänge ist größte Sorgfalt zu verwenden, dienen sie doch für die nächsten Monate allen Entscheidungsträgern als Vorlage und stellen die Basis für die Kaufpreisverhandlungen dar.

Abb. 13: Portfolio-Übersicht WESTPHALIA

Nr.	Objektart	Anschrift	Bau-jahr	Eigentum	Jahresnetto-kaltmiete in Euro	Erbbauzins p.a. in Euro
1	SBW	Bochum	2004	Eigentum	246.480	-
2	SBW	Minden	1980	Erbbau	346.560	72.360
3	SBW	Hamm	1982	Erbbau	336.000	67.536
4	SBW	Gelsenkirchen	1988	Erbbau	1.151.280	179.292
5	SBW	Rheine	2010	Eigentum	930.240	-
6	SBW	Bielefeld	1997	Erbbau	820.800	155.172
7	SBW	Paderborn	2002	Erbbau	516.000	69.948
8	SBW	Jena	1999	Eigentum	869.400	-
9	SBW	Porta Westfalica	2001	Eigentum	718.680	-
10	SBW	Bottrop	1992	Erbbau	570.360	143.916
11	FMZ	Siegen	1999	Eigentum	2.023.680	-
12	FMZ	Bergkamen	2010	Eigentum	1.623.240	-
13	C&C	Hagen	1997	Eigentum	1.450.080	-
14	SPM	Münster	1992	Eigentum	324.720	-
15	SPM	Herne	2001	Eigentum	269.040	-
16	Disc	Warburg	2012	Eigentum	187.200	-
17	Disc	Dortmund	1998	Eigentum	117.480	-
18	Disc	Brilon	1990	Eigentum	0	-
19	Büro	Hannover	1978	Erbbau	1.073.280	45.828
20	LZ	Ulm	2006	Eigentum	6.048.000	-
21	LZ	Bad Wünnen-berg-Haaren	1972	Eigentum	2.246.400	-
22	Kino	Osnabrück	2004	Eigentum	1.089.360	-
23	PRKH	Dortmund	2000	Eigentum	164.160	-
24	GSTK	Hamburg	-	Eigentum	0	-
	Summe (Ø)				23.122.440	734.052

SBW – SB-Warenhaus, FMZ – Fachmarktzentrum, C&C – Cash & Carry, SPM – Supermarkt, Disc – Discounter, LZ – Logistikzentrum, PRKH – Parkhaus, GSTK – Grundstück

Mietüber-schuss p.a. in Euro	Miet-fläche in m²	Miete pro m² in Euro	WALT (in Jahren)	Grund-stücksflä-che in m²	Bodenricht-wert in Euro/m²	Grund-stückswerte in Euro
246.480	2.600	7,9	3,6	7.300	75	547.500,00
274.200	3.800	7,6	1,5	9.000	95	855.000,00
268.464	3.500	8,0	5,1	8.400	120	1.008.000,00
971.988	11.700	8,2	9,3	22.300	105	2.341.500,00
930.240	6.800	11,4	17,8	13.100	120	1.572.000,00
665.628	7.200	9,5	5,5	19.300	70	1.351.000,00
446.052	5.000	8,6	10,7	8.700	230	2.001.000,00
869.400	6.900	10,5	2,9	13.600	195	2.652.000,00
718.680	5.300	11,3	9,1	15.100	50	755.000,00
426.444	4.900	9,7	5,8	17.900	120	2.148.000,00
2.023.680	24.800	6,8	6,4	36.400	60	2.184.000,00
1.623.240	16.700	8,1	12,7	24.400	35	854.000,00
1.450.080	15.900	7,6	7,0	28.100	100	2.810.000,00
324.720	2.200	12,3	2,1	7.200	280	2.016.000,00
269.040	1.900	11,8	12,6	6.300	40	252.000,00
187.200	1.500	10,4	15,0	6.200	60	372.000,00
117.480	1.100	8,9	3,2	3.400	85	289.000,00
0	900	0,0	0,0	2.400	110	264.000,00
1.027.452	10.400	8,6	2,7	5.700	235	1.339.500,00
6.048.000	80.000	6,3	14,3	98.000	45	4.410.000,00
2.246.400	36.000	5,2	5,4	93.000	20	1.860.000,00
1.089.360	8.900	10,2	6,8	4.900	340	1.666.000,00
164.160	5.700	2,4	2,2	2.200	1.000	2.200.000,00
0	0	0,0	0,0	2.800	450	1.260.000,00
22.388.388	**263.700**	**7,3**	**(Ø 9,2)**	**455.700**	**(Ø 176)**	**37.007.500,00**

Abb. 14: Übersicht der Erbpachtverträge

Nr.	Objektart	Standort	Flurstück	Eigentümer	Erbbauberechtigter	Laufzeit in Jahren	Entgelt p.a. in Euro
2	SBW	Minden	99/3 64	Familie Haas Frau Thiel	WESTPHALIA Handels GmbH	17	72.360
3	SBW	Hamm	2546/1	Gut-Stiftung	WESTPHALIA Handels GmbH	19	67.536
4	SBW	Gelsen-kirchen	198/8	Stadt Gelsenkirchen	WESTPHALIA Handels GmbH	55	179.292
6	SBW	Bielefeld	33/4	Herr & Frau Zimmermann	WESTPHALIA Handels GmbH	34	155.172
7	SBW	Paderborn	101	Kirchenfonds Paderborn	WESTPHALIA Handels GmbH	49	69.948
10	SBW	Bottrop	234/5	Firma Becker	WESTPHALIA Handels GmbH	29	143.916
19	Büro	Hannover	76/4	Land Niedersachsen	Hannovera Grundstücks-gesellschaft mbH	73	45.828
Summe							**734.052**

Abb. 15: Beispiel Ergebnisse Technische Due Diligence in Euro

Nr.	Objektart	Standort	Baujahr	Einzelmaßnahmen > 20.000 Euro	Kosten: Zeitraum < 1 Jahr	Kosten: Zeitraum 2-5 Jahre	Gesamtkosten in Euro
1	SBW	Bochum	2004	· Feuchtigkeitsabdichtung erneuern	0	30.000	30.000
2	SBW	Minden	1980	· Konstruktion – Komplettsanierung Abhangdecken · Boden erneuern	2.500.000	0	2.500.000
3	SBW	Hamm	1982	· Dach sanieren · Mauer Gebäuderückseite sanieren	180.000	120.000	300.000
23	PRKH	Dortmund	2000	· Fassade / Putzschäden · Tiefgaragenboden · Oberflächenversiegelung	25.000	35.000	60.000
24	GSTK	Hamburg		· Keine	0	0	0
Summe					**4.000.000**	**5.000.000**	**9.000.000**

Abb. 16: Übersicht der Ergebnisse der Umwelt-Due-Diligence in Euro

Nr.	Objekt-art	Standort	Risiko	Findings	Kosten: Zeitraum < 1 Jahr	Kosten: Zeitraum 2-5 Jahre	Gesamtkosten
1	SBW	Bochum	Niedrig	· Keine	50.000	0	50.000
2	SBW	Minden	Moderat	· Asbest schwach gebunden (Dichtungen, Brandschutz-klappen) · KMF, künstliche Mineralfasern (abgehängte Decken, Rohr-isolierungen, Wand- und Dachisolierungen) · PCB, Polychlorierte Biphenyle (Dehnfugen, Farben)	350.000	650.000	1.000.000
3	SBW	Hamm	Hoch	· Ehemalige Tankstelle, Boden-sanierung notwendig	750.000	1.500.000	2.250.000
23	PRKH	Dort-mund	Moderat	· Asbestbeton · Asphalt verunreinigt (Benzole)	350.000	850.000	1.200.000
24	GSTK	Hamburg	Niedrig	· Keine	0	0	0
Summe					**1.500.000**	**3.000.000**	**4.500.000**

Abb. 17: Übersicht der Ergebnisse der Legal Due Diligence

Nr.	Objektart	Standort	Fehlende Dokumente	Sonstiges
1	SBW	Bochum		· Keine Vermietung an Konkurrenten · Mieter hat Vorkaufsrecht
2	SBW	Minden	· Mietvertrag Geldautomat · Abnahmeprotokoll Erweiterungsbau	· Stellplatzanzahl abweichend vom Mietvertrag · Dienstbarkeit örtlicher Telefongesellschaft
3	SBW	Hamm	· Änderungsvereinbarung zum Mietvertrag	· Vereinbarung mit Nachbarn zur Errichtung einer Schallschutzwand
23	PRKH	Dortmund		· Sonderkündigungsrecht bei Leerstand Kaufhaus in direkter Nachbarschaft
24	GSTK	Hamburg		· Überfahrt zum Nachbargrundstück darf nicht geschlossen werden

Abb. 18: Übersicht einzelhandelsrelevante Kennzahlen

Nr.	Standort	Einwohner-zahl	Bevölkerungs-entwicklung (bis 2030) in %*	Zentra-lität	Kaufkraft-kennziffer
1	Bochum	365.000	-6,4	121,3	97,0
2	Minden	82.000	-4,5	122,5	97,0
3	Hamm	179.000	-1,9	102,3	91,2
4	Gelsenkirchen	260.000	-5,3	112,2	85,7
5	Rheine	75.000	-1,3	109,3	92,6
6	Bielefeld	333.000	-1,2	128,6	95,9
7	Paderborn	148.000	+3,1	153,4	93,0
8	Jena	109.000	+0,7	110,0	93,1
9	Porta Westfalica	35.000	-7,9	134,1	99,4
10	Bottrop	1125.000	-4,8	88,7	97,9
11	Siegen	102.000	-7,0	156,8	96,1
12	Bergkamen	48.000	-9,3	109,4	87,8
13	Hagen	189.000	-10,8	119,5	95,6
14	Münster	310.000	+11,3	132,0	106,2
15	Herne	155.000	-6,2	102,1	88,2
16	Warburg	24.000	-7,5	75,0	97,5
17	Dortmund	586.000	-3,9	121,3	95,9
18	Brilon	26.000	-9,4	113,8	96,5
19	Hannover	532.000	+4,5	128,8	104,2
20	Ulm	123.000	+4,6	142,3	105,1
21	Bad Wünnenberg-Haaren	12.000	-1,7	50,0	92,8
22	Osnabrück	169.000	+2,5	148,2	98,3
23	Dortmund	586.000	-3,9	121,3	95,1
24	Hamburg	1.787.000	+7,5	112,2	109,9
Ø				**117,3**	**96,3**

*Quelle: Bertelsmann Stiftung, Bevölkerungsprognose 2030

In der Folge sollen pars pro toto einige Textbausteine und Tabellen, wie sie für ein Informationsmemorandum typisch sind, aufgeführt werden, beginnend mit dem Einzelhandel in Deutschland, den Marktteilnehmern (auch „Player" genannt) und den Einzelhandelsformaten wie SB-Warenhäusern, Fachmärkten, Cash & Carry-Märkten, Supermärkten und Discountern. Dieser Teil wird ergänzt um erste Eindrücke zum Büro- und Logistikmarkt, zum Kinomarkt und um einige Fakten zum Thema Parken.

3.3.1.2.2 EXKURS: Marktteil

(Die Handlung wird ab Kapitel 3.3.2, S. 103 fortgesetzt)

Handel

Die deutsche Wirtschaft wuchs, von einem hohen Niveau kommend, in den letzten Jahren moderat an. Seit 2014 steigt auch das Bruttoinlandsprodukt der Eurozone wieder an, nachdem es in den beiden Jahren zuvor rückläufig gewesen ist. Gerade im Vergleich zu den anderen großen europäischen Ländern bleibt Deutschland damit aufgrund seiner Marktgröße und Stabilität für in- und ausländische Investoren ein relativ sicherer und attraktiver Investmentmarkt. Nach der ifo-Konjunkturprognose für Deutschland soll es 2017 einen weiteren Zuwachs von 1,8 Prozent geben, für 2018 von 2,0 Prozent. Traditionell hat der Handelssektor eine große Bedeutung für die wirtschaftliche Entwicklung Deutschlands. Sein Beitrag am Bruttoinlandsprodukt lag nach den Volkswirtschaftlichen Gesamtrechnungen des Statistischen Bundesamtes im Jahr 2016 bei 8,4 Prozent. Rund 6,4 Millionen Erwerbstätige arbeiten in Deutschland im Handelsbereich. Dabei teilt sich der Handelsumsatz der großen deutschen Lebensmittelfirmen, der mehr als 250 Milliarden Euro beträgt, prozentual wie folgt auf:

Abb. 19: Aufteilung des Lebensmittelhandelsumsatzes in Deutschland in % (2013)

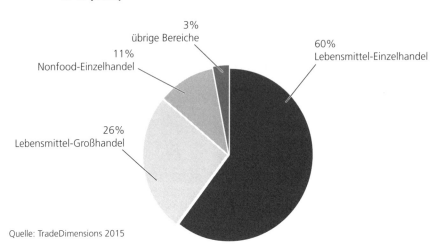

Quelle: TradeDimensions 2015

Einzelhandel in Deutschland

Der Einzelhandel gehört in Deutschland mit über 300.000 Unternehmen, drei Millionen Arbeitnehmern und 150.000 Auszubildenden zu den beschäftigungsintensiven Branchen. 2016 erzielte er einen Umsatz von 486,5 Milliarden Euro. Durch die derzeit erzielten jährlichen Steigerungsraten von etwa drei Prozent wird für 2017 ein Umsatzanstieg auf über 500 Milliarden Euro erwartet.

Durch das stetig sukzessive Wachstum der deutschen Wirtschaft können auch die privaten Konsumausgaben der Deutschen jährlich ansteigen, wovon natürlich der Einzelhandel profitiert. Mehr als ein Viertel der privaten Konsumausgaben werden zu Gunsten des Einzelhandels getätigt.

Abb. 20: Einzelhandelsanteil am privaten Konsum in Deutschland in Mrd. Euro

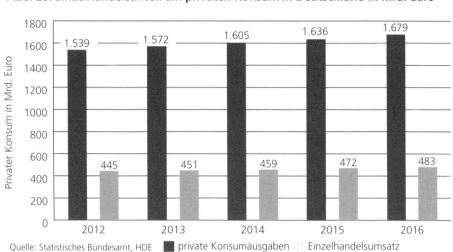

Quelle: Statistisches Bundesamt, HDE ■ private Konsumausgaben ▨ Einzelhandelsumsatz

Lebensmitteleinzelhandel in Deutschland

Ein gutes Drittel des Einzelhandelsumsatzes in Deutschland wird durch den Lebensmitteleinzelhandel (LEH) generiert. In den letzten zehn Jahren konnte der LEH seinen Umsatz um etwa 36 Milliarden Euro steigern, das entspricht über 25 Prozent.

Abb. 21: Umsatz Lebensmittel- und Nonfood-Einzelhandel in Deutschland
in Mrd. Euro

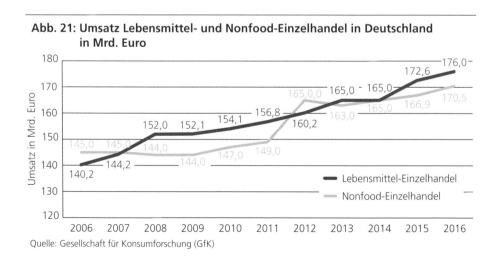

Quelle: Gesellschaft für Konsumforschung (GfK)

Trotz des eher geringen Wachstums ist der LEH ein dynamischer Sektor. Vor allem in den letzten Jahren geht der Trend immer mehr zur Großfläche. Auch der Service wird sukzessive ausgebaut. So werden LEH-Märkte immer öfter ergänzt um vegane Sortimente, Bäckereien/Backautomaten, Dienstleistungsgeschäfte wie EC-Automaten, Blumenläden, gastronomische Einrichtungen sowie Pfandrücknahmesysteme. Andererseits scheiterte der Versuch, eine Fusion aus Supermarkt & Restaurant am Markt zu etablieren.

Innerhalb des LEH unterscheidet man laut Bundesverband des deutschen Lebensmittelhandels fünf Kategorien mit folgenden Charakteristika:

- **SB-Warenhaus:** in der Regel mind. 5.000 Quadratmeter Verkaufsfläche (Durchschnitt: 7.400 Quadratmeter), Lebensmittelvollsortiment, umfangreiches Nonfood-Angebot
- **Großer Supermarkt:** Verkaufsfläche zwischen 2.500 und 5.000 Quadratmeter (Durchschnitt: 3.300 Quadratmeter), Lebensmittelvollsortiment, Basisausstattung Nonfood-Angebot
- **Supermarkt:** Verkaufsfläche zwischen 400 und 2.500 Quadratmeter (Durchschnitt: 1.300 Quadratmeter), Lebensmittelvollsortiment, geringer Nonfood-Anteil
- **Discounter:** Verkaufsfläche zwischen 600 und 1.200 Quadratmeter, Preisführerschaft durch das dauerhafte Setzen von Niedrigpreisen
- **Kleiner Lebensmittelladen (Sonstiges):** Verkaufsfläche < 400 Quadratmeter (Durchschnitt: 370 Quadratmeter), keiner anderen Kategorie zuzuordnen

Abb. 22: Anzahl/Umsatz der Lebensmittelgeschäfte nach Betriebsform (2014)

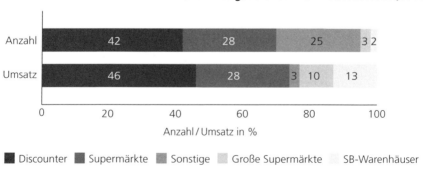

Anzahl: ohne Spezialgeschäfte und nicht organisierten Lebensmittelhandel
Umsätze: organisierter Lebensmittelhandel ohne Spezialgeschäfte; Gesamtumsätze (inkl. Nonfood) ohne Umsatzsteuer   Quelle: EHI Retail Institute

Großhandel in Deutschland

155.000 Unternehmen gehörten im Jahr 2015 dem deutschen Großhandel an. Hierzu zählen Cash & Carry-Märkte, der Zustell-Großhandel für selbstständige Einzelhändler und der Großverbraucher-Zustelldienst. Insgesamt beschäftigt dieser Sektor mehr als 1,8 Millionen Arbeitnehmer und erzielte im Jahr 2015 einen Umsatz in Höhe von über 1,1 Billionen Euro (beinhaltet neben dem Lebensmittelsektor auch andere Leistungsfelder wie Baustoffe u. ä.).

Abb. 23: Absolute Großhandelsumsätze in Mrd. Euro

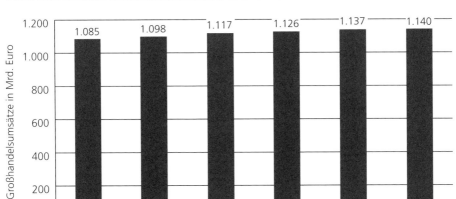

*Prognose   Quelle: Bundesverband Großhandel, Außenhandel, Dienstleistungen e. V.

Die Top-Handelsunternehmen der Lebensmittelbranche

Ausschließlich gemessen am Lebensmittelumsatz ergibt sich in Deutschland folgendes Ranking:

Abb. 24: Umsatz Lebensmittelhandel der Top-Handelsunternehmen in Mrd. Euro (2015)

Platz	Handelsunternehmen	Umsatz in Mrd. Euro
1	EDEKA-Gruppe (mit Netto)	48,3
2	REWE Group (mit Penny)	28,6
3	Schwarz-Gruppe (Lidl, Kaufland)	28,0
4	ALDI SÜD/ALDI NORD	22,8
5	METRO Group (mit C&C)	10,3
6	Lekkerland	9,0
7	dm	6,3
8	Rossmann	5,2
9	Globus	3,2
10	Bartels-Langness	3,1
11	Transgourmet	3,1
12	Norma	2,8
13	Tengelmann-Gruppe	1,9
14	Bünting	1,8
15	Dohle-Gruppe	1,3

Quelle: Lebensmittelzeitung

Betrachtet man die Jahresgesamtumsätze der Handelsunternehmen inklusive anderer Tätigkeitsbereiche für 2015, ist das mit Abstand größte Handelsunternehmen in Deutschland die traditionsreiche EDEKA-Gruppe mit einem Jahresumsatz von gut 53 Milliarden Euro. Für den Aktienmarkt interessant ist die METRO Group mit 26,1 Milliarden Euro Umsatz p.a. Während bei der EDEKA-Gruppe eine Differenz in Höhe von 5 Mrd. Euro zwischen Umsatz mit und ohne andere Geschäftsfelder entsteht, sind es bei der REWE Group schon 11 Mrd. Euro v.a. durch die Hinzurechnung der Touristiksparte und bei der METRO Group gar fast 16 Mrd. Euro. Dies lässt sich insbesondere durch die Hinzuziehung der Umsätze der ebenfalls zur METRO Group gehörenden Media-Saturn-Gruppe erklären. Selbstverständlich haben auch ALDI SÜD, ALDI NORD und die Schwarz-Gruppe ihren angestammten Platz unter den Top Five des deutschen LEH.

Abb. 25: Gesamtumsätze der Top 5 Lebensmittelhändler in Deutschland in Mrd. Euro (2015)

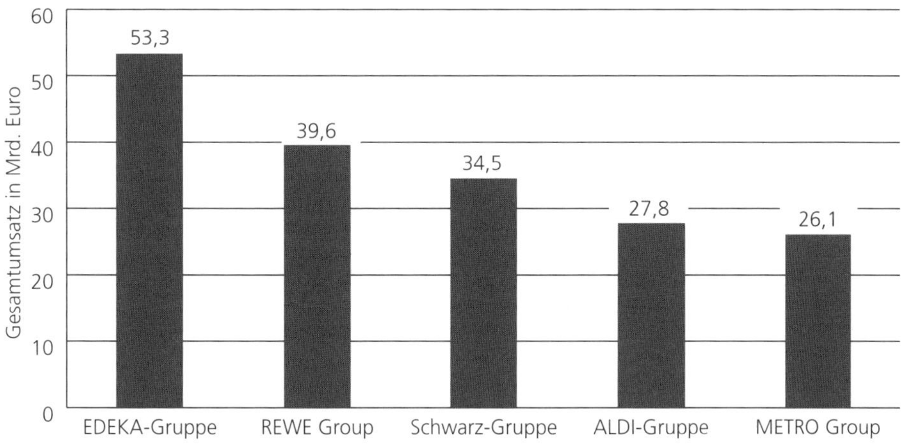

Quelle: Lebensmittelzeitung; inklusive aller Geschäftsbereiche

EDEKA-Gruppe

Im Jahr 1907 wurde der EDEKA-Verband in Leipzig durch den Zusammenschluss von 21 Einkaufsgenossenschaften des Deutschen Reiches gegründet. Der Name EDEKA leitet sich von der Abkürzung E. d. K. („Einkaufsgenossenschaft der Kolonialwarenhändler im Halleschen Torbezirk zu Berlin") ab. Nach über 100 Jahren Bestehen beschäftigt die EDEKA heute 351.500 Mitarbeiter in mehr als 11.200 Märkten bundesweit und erzielte damit 2015 einen Umsatz von 53,3 Milliarden Euro (davon 48,3 Milliarden Euro Lebensmittelhandel). Damit ist sie der Marktführer unter den Lebensmittelhändlern Deutschlands. Die EDEKA-Gruppe zeichnet sich besonders dadurch aus, dass sie mittelständisch und genossenschaftlich geprägt ist und fast

ausschließlich national operiert und expandiert. Rund 4.500 selbstständige Kaufleu-
te (Genossen) übernehmen die Führung der einzelnen Filialen und haben in ihren
Märkten Möglichkeiten zur Mitbestimmung. Unterstützt werden sie dabei von sieben regionalen Großhandelsbetrieben, den sogenannten Regionalgesellschaften der
EDEKA. Zusammen mit der Zentrale in Hamburg steuern sie das gesamte nationale
Gruppengeschäft unter dem Motto „Wir lieben Lebensmittel". Dabei wird stets das
volle Sortiment in höchster Qualität angeboten. Um auch im wachsenden Discount-
geschäft Fuß zu fassen, erwarb EDEKA 2005 Netto Marken-Discount, der sich in den
vergangenen Jahren mit hohen Wachstumsraten als eine Triebfeder der Gruppe er-
wies. Neben dem Discountsegment hat EDEKA vier weitere Vertriebslinien für unterschiedliche Standorte entwickelt: EDEKA aktiv markt (klein, kompakt, volles Sortiment), EDEKA neukauf (Frischwaren und Nonfood auf bis zu 2.500 Quadratmetern),
EDEKA center (maximale Sortimentsbreite, viele Fachabteilungen) sowie Marktkauf
SB-Warenhaus (breites Nonfoodsortiment auf großer Fläche), wobei die Namensge-
bung regional variiert. Mit mehr als 35 Produktionsbetrieben für Fleisch und Wurst-
waren sowie Brot- und Backspezialitäten zählt die EDEKA außerdem zu den wichtigsten Herstellern Deutschlands. Unter dem Namen EDEKA Cash & Carry (C&C)
werden Großkunden aus Hotellerie und Gastronomie versorgt. Und die Gruppe
strebt weiter nach Wachstum. So werden seit dem 1. Januar 2017 338 Kaiser's- und
Tengelmann-Filialen in das EDEKA-Filialnetz integriert, mit denen die Gruppe insbesondere in Bayern, Berlin und Nordrhein-Westfalen ihre Präsenz ausweitet.

REWE Group

Die 1927 gegründete REWE Group zählt zu einem der führenden Handels- und Tou-
ristikkonzerne in Europa mit einem Gesamtaußenumsatz in Höhe von 51,6 Milliarden Euro (2015), wovon 39,6 Milliarden Euro auf das deutsche Geschäft entfallen.
Im Lebensmitteleinzelhandel schaffte sie es europaweit bisweilen sogar auf Platz
drei gemessen am Umsatz, welcher in 12 europäischen Ländern erwirtschaftet wird.
Der Name REWE leitet sich von „Revisionsverband der Westkauf-Genossenschaf-
ten" ab. In Deutschland werden die bestehenden REWE-Märkte von selbstständigen Kaufleuten genossenschaftlich und im Filialsystem geführt. Dabei steht unter
dem Slogan „Besser leben" die hochwertige Qualität der Produkte zu fairen Preisen
im Vordergrund. Zur optimalen Abdeckung der unterschiedlichsten Bedürfnisse hat
REWE drei Marktkonzepte entwickelt: REWE CITY (500 – 1.000 Quadratmeter),

REWE Supermarkt (1.000 – 3.000 Quadratmeter) sowie die REWE CENTER (3.000 – 5.000 Quadratmeter). Neben dem REWE-Konzept gehören toom- und B1 Discount Baumarkt, BILLA sowie der Discounter Penny zur Gruppe, die 2016 über insgesamt 10.178 Filialen in Deutschland verfügte. Die Filialen der ehemals ebenfalls zu REWE zählenden Elektronikkette ProMarkt hingegen wurden 2013 teils an expert verkauft und teils geschlossen. Der Umsatz im Lebensmitteleinzelhandel der REWE Group in Deutschland belief sich im Jahr 2015 auf rund 28,6 Milliarden Euro, davon entfallen auf das Geschäftsfeld Vollsortiment (REWE, REWE-Center, TEMMA und akzenta) 17,7 Milliarden Euro und auf die Discountersparte Penny mit ihren nahezu 2.200 deutschen Filialen 7 Milliarden Euro.

Schwarz-Gruppe

Die Schwarz-Gruppe im Besitz des Unternehmers Dieter Schwarz befindet sich auf Platz drei im Ranking der deutschen Lebensmittelhändler. Zu der Unternehmensgruppe gehören die Lidl-Discounter sowie die Kaufland-SB-Warenhäuser, die gemeinschaftlich einen Umsatz in Höhe von 34,5 Milliarden Euro im Jahr 2015 erwirtschafteten. Lidl ist eine internationale Unternehmensgruppe mit eigenständigen Landesgesellschaften in ganz Europa. Das Unternehmen mit Sitz in Neckarsulm wurde um 1930 im Schwäbischen als Lebensmittel-Sortimentsgroßhandlung gegründet und verfügte 2016 über knapp 3.200 Filialen bundesweit. Bis etwa 1990 war die Expansion ausschließlich national angelegt, bevor man sich nach der Wendezeit auch international engagierte. Die Expansion von Lidl ist größtenteils fremdfinanziert, wobei eine Eigenkapitalquote von mehr als 25 Prozent gehalten wird. Unterhalb des Top-Managements ist Lidl in Regionalniederlassungen gegliedert. Das Grundprinzip von Lidl ist, Artikel des täglichen Bedarfs in guter Qualität zum billigen Preis anzubieten. Nach eigenen Angaben verfügt Lidl heute über das größte Netz an Discount-Lebensmittelmärkten in Europa, weit vor allen anderen Anbietern. Der Einstieg in den US-Markt erfolgte mit der Eröffnung der ersten Lidl-Filialen in Virginia, North Carolina und South Carolina im Juni 2017. Das Wachstum in den USA bleibt aber noch hinter demjenigen des Dauerkonkurrenten Aldi zurück.

Neben Lidl gehört auch Kaufland zur Neckarsulmer Schwarz-Gruppe. Zusätzlich zum Standort Deutschland mit 647 Filialen im Jahr 2015 sind die SB-Warenhäuser in sechs weiteren europäischen Ländern vertreten. Aktuell werden zahlreiche Filialen des Großflächendiscounters umfangreichen Renovierungsmaßnahmen unterzogen und bis zu 5 Millionen Euro pro Standort investiert.

ALDI-Gruppe

Das Familienunternehmen ALDI wurde 1913 in Essen von Karl Albrecht gegründet. 1945 übernahmen seine beiden Söhne Karl junior und Theodor den Betrieb und konnten innerhalb von zehn Jahren 100 ALDI-Läden in ganz Deutschland aufbauen. 1961 teilte sich ALDI in die beiden Unternehmensgruppen ALDI SÜD und ALDI NORD auf. Dabei wird ALDI NORD mit Sitz in Essen-Kray von der Familie Theo Albrechts (verstorben 2010) und die Mülheimer Gruppe ALDI SÜD wurde von Karl jr. Albrecht (verstorben 2014) geführt. Die Gruppen sind familiär miteinander verbunden, gleichzeitig aber rechtlich und wirtschaftlich voneinander unabhängig. Die Organisation beider Unternehmen ist dezentral strukturiert, womit kurze Entscheidungswege gewährleistet werden. ALDI SÜD und NORD erwirtschafteten zusammen mit etwa 4.200 Filialen deutschlandweit einen Umsatz in Höhe von 28,8 Milliarden Euro (2015).

Die beiden Brüder gelten als Pioniere des Discount-Konzepts, das 1962 erstmals in Deutschland eingeführt wurde (ALbrecht-DIskont). Mit Selbstbedienung, einem kleinen Sortiment, niedrigen Preisen und einer spartanischen Ladenausstattung stellte das ALDI-Konzept in der damaligen Zeit eine Revolution des Einzelhandels dar. Heute ist ALDI der größte Discounter der Welt mit Dauerniedrigpreisen im Stammsortiment. In Nord- und Ostdeutschland betreibt die Unternehmensgruppe ALDI NORD ein eigenes Filialnetz mit 2.330 Märkten. ALDI SÜD ist mit 30 Gesellschaften und mehr als 1.870 Filialen in West- und Süddeutschland vertreten. Neben Deutschland hat ALDI auch Standorte in weiteren europäischen Ländern wie Großbritannien und Belgien sowie in Australien und den USA vorangetrieben. Die ALDI-Expansion wird vor allem in den USA, wo bereits 1.600 Filialen existieren und bis 2022 weitere 900 eröffnet werden sollen. Zudem bestehen in den USA etwa 500 Filialen der Kette Trader Joe's, die ALDI NORD zuzurechnen sind. Auch in China hat die ALDI-Expansion begonnen, hier vermarktet ALDI seine Waren seit März 2017 über den Onlinehändler Alibaba. Momentan gibt es weltweit in 17 Ländern ca. 11.000 ALDI-Filialen.

METRO GROUP

Die METRO GROUP war bis 2017 ein internationales Handelsunternehmen, das im Jahr 2016 über 220.000 Mitarbeitern an 2.060 Standorten in 32 Ländern weltweit verfügte. 1996 entstand sie durch die Verschmelzung der Handelsunternehmen

Asko Deutsche Kaufhaus AG, Kaufhof Holding AG und Deutsche SB-Kauf AG. Am 12. Juli 2017 wurde die in Düsseldorf ansässige METRO GROUP in die Unternehmen Ceconomy, das die Elektronikfachmärkte der Media-Saturn-Gruppe fortführt, sowie die METRO AG, die die Cash & Carry-Sparte und die Real-Handelskette betreibt, aufgeteilt. In letzterer ist der Großhandel mit den METRO Cash & Carry-Märkten vertreten sowie der Lebensmitteleinzelhandel mit Real SB-Warenhäusern. Das Warenhausgeschäft hingegen wurde bereits 2015 mit dem Verkauf der Galeria Kaufhof für 2,8 Milliarden Euro an Hudson's Bay Company abgegeben. Im Bereich des Cash & Carry-Geschäftes zählt die METRO mit 762 Standorten in 25 Ländern weltweit zu den Top 3 im Großhandelssegment. Weitere Gesellschaften der METRO koordinieren die Immobilienbestände (METRO PROPERTIES, managt das „weltweit internationalste" Handelsimmobilien-Portfolio), die Logistik (METRO LOGISTICS), die IT (METRO SYSTEMS) sowie das Marketing (METRO ADVERTISING) der Gruppe. Die strategische Gruppenausrichtung zielt auf Umsatzwachstum (Umsatz in Deutschland 2015: 26,1 Milliarden Euro), Margensteigerung sowie Verbesserung des Cashflows ab, um für Investoren attraktiv zu bleiben.

Abb. 26: Übersicht über die Kerndaten der Top 5 Lebensmittelhändler (2015/16)

Bezeichnung	Firmensitz	Gründungs-jahr	Anzahl der Filialen/ Märkte	Mit-arbeiter	Gesamt-umsatz in Mrd. Euro
EDEKA-Gruppe	Hamburg	1907	11.200	351.500	53,3
REWE Group	Köln	1927	10.200	236.000	39,6
Schwarz-Gruppe	Neckarsulm	1930	3.850	209.000	34,5
ALDI	Essen (ALDI NORD) / Mülheim (ALDI SÜD)	1945/61	4.200	35.200 / 33.700	27,8
METRO Group	Düsseldorf	1996	850	71.000	26,1

Alle Werte bezogen auf Deutschland, eigene Darstellung

Formate WESTPHALIA

SB-Warenhäuser

Ein SB-Warenhaus ist ein großflächiger Einzelhandelsbetrieb (in der Regel ab 5.000 Quadratmetern Verkaufsfläche) in dezentraler Lage, in welchem ein breites Sortiment an Nahrungs- und Genussmitteln sowie ein warenhausähnliches Sortiment an Nonfood-Artikeln angeboten werden. Weitere Merkmale des SB-Warenhauses sind die meist eingeschossige, eher funktional ausgestattete Laden-einrichtung, der weitgehende Verzicht auf kostspielige Serviceleistungen (SB = Selbstbedienung) und die Möglichkeit zum sogenannten One-Stop-Shopping, bei dem durch angrenzende Billig-Tankstellen und verschiedene Konzessionäre im Vorkassenbereich (Blumen, Zeitschriften, Gastronomie, Express-Reinigung etc.) ein gesamter Großeinkauf erledigt werden kann.

Abb. 27: Top 7 Großflächenbetreiber (2015)

Rang	Bezeichnung	Gesamtumsatz in Mrd. Euro 2015	Anzahl der deutschen Märkte 2015
1	Kaufland	13,8	645
2	Real	8,9	302
3	EDEKA-Gruppe (E-Center, Marktkauf)	5,6	309
4	Globus	3,3	46
5	REWE Group (Toom)	1,9	99
6	Bartels-Langness (Famila)	1,5	87
7	Dohle-Gruppe (Hit)	1,3	84

Quelle: TradeDimensions

Abb. 28: Top 7 Großflächenbetreiber nach Deutschlandumsatz in Mrd. Euro (2015)

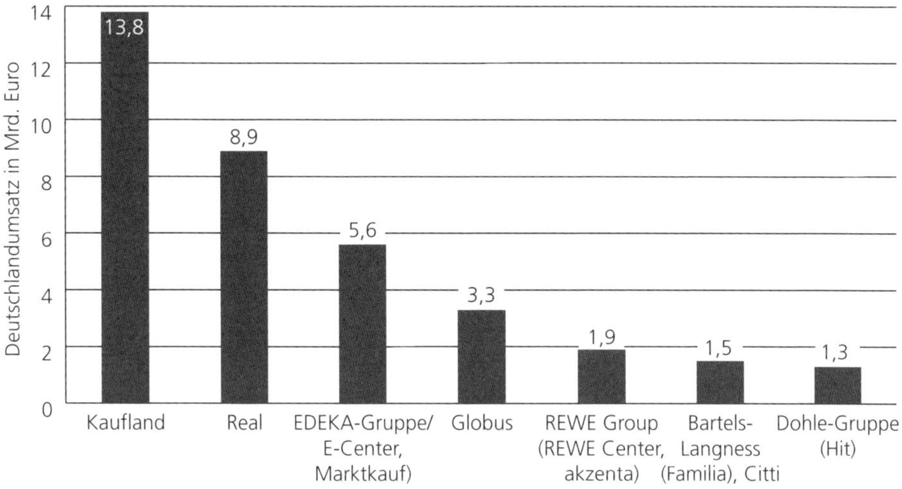

Quelle: TradeDimensions

Kaufland

1984 eröffnete die Schwarz-Gruppe das erste SB-Warenhaus unter dem Namen Kaufland. Heute verfügt das Unternehmen über 659 Standorte in Deutschland und weitere 575 im restlichen Europa. Die deutschen SB-Warenhäuser generierten im Jahre 2016 einen Umsatz von 15,3 Milliarden Euro und sind damit der Spitzenreiter im Segment der SB-Warenhäuser und Verbrauchermärkte.

Real

Die Real-Kette ist Teil der METRO AG. In Deutschland setzte sie 2015 8,9 Milliarden Euro mit 27.850 Mitarbeitern an 282 Standorten um. Außerhalb Deutschlands gibt es seit 2014 keine Real-Märkte mehr. 2013 wurde das Osteuropa- und 2014 das Türkeigeschäft verkauft. Charakteristisch für Real sind die sehr großen Verkaufsflächen, die in manchen Fällen bis an die 15.000 Quadratmeter heranreichen.

71

Marktkauf / E-Center

Marktkauf und E-Center bilden die SB-Warenhaus-Sparte der EDEKA-Gruppe. Der 1972 gegründete Marktkauf vertreibt bundesweit an 134 Standorten und beschreibt sich selbst als „Pionier des großflächigen Einzelhandels". Die E-Center sind eine Vertriebslinie des EDEKA-Konzepts. Bundesweit gibt es – Filialen und von Selbstständigen betriebene Märkte zusammengenommen – etwa 420 Standorte dieser Verbrauchermärkte. Zusammen erwirtschafteten die beiden Formate 2015 einen Gesamtumsatz von 5,7 Milliarden Euro.

Globus

Globus wurde 1828 von Franz Bruch im saarländischen St. Wendel gegründet und ist eines der führenden Handelsunternehmen Deutschlands. Selbst nach 180 Jahren Bestehen ist Globus ein konzernunabhängiges Familienunternehmen, welches derzeit von Thomas Bruch, einem Nachfahren von Franz Bruch, geführt wird. In Deutschland arbeiten über 18.500 Mitarbeiter in 46 SB-Warenhäusern mit einem erzielten Umsatz von 3,3 Milliarden Euro. Dabei ist in Deutschland ein regionaler Fokus auf Mittel- und Süddeutschland gelegt. Die deutschen Globus-Warenhäuser haben eine Verkaufsfläche von insgesamt ca. 470.000 Quadratmetern. Oft sind direkt im Warenhaus ein Globus-Baumarkt sowie firmeneigene Gastronomiebetriebe integriert.

REWE-Center / akzenta

Die Zahl der REWE-Center ist durch die in 2015 abgeschlossene Umbenennung der toom-Verbrauchermärkte gestiegen. Zusammen mit den Märkten des Wuppertaler Betreibers akzenta, der seit Januar 2013 vollständig zur REWE-Group gehört, unterhielt REWE im Jahr 2015 99 SB-Warenhäuser in Deutschland. Im selben Jahr wurde ein Umsatz von 1,9 Milliarden Euro erwirtschaftet.

Famila

Generell agiert die Warenhauskette nur im Norden Deutschlands auf Verkaufsflächen zwischen 2.000 und 5.000 Quadratmetern. Aufgrund der regionalen Verteilung gibt es eine Trennung des Unternehmens in famila Nordost und famila Nordwest. Die 1974 gegründete Kieler Famila Nordost gehört zur Bartels-Langness-Gruppe und ist an über 80 Standorten mit mehr als 7.000 Mitarbeitern in Schleswig-Holstein, Hamburg, Mecklenburg-Vorpommern, Brandenburg, Niedersachsen und Nordrhein-Westfalen vertreten. Famila Nordwest hat unter der Bünting-Gruppe im

Nordwesten Deutschlands 20 Standorte in Niedersachsen sowie am Rand von Bremen. Der Firmensitz befindet sich im niedersächsischen Leer.

Fachmärkte

Ein Fachmarkt ist ein großflächiges Einzelhandelsgeschäft mit Waren aus dem Nonfood-Bereich. Der Fachmarkt konzentriert sich dabei auf Produkte aus einer bestimmten Branche und legt in dieser viel Wert auf Sortimentsvielfalt und -tiefe. Die Warenpräsentation ist vor allem auf Selbstbedienung ausgerichtet. Das Preisniveau deckt das untere bis mittlere Segment ab und wird durch eine intensive Werbestrategie sowie Angebotspolitik vermittelt. Die Fachmarktkonzepte unterscheiden sich anhand der Branche und der Verkaufsfläche voneinander.

Abb 29: Fachmarkttypen

Branche	Verkaufsfläche in m²
Glas/Porzellan, Kfz-Komponenten, Papierwaren/Bürobedarf/Schreibwaren, Drogeriewaren	50 – 100
Unterhaltungselektronik, Schuhe, Lampen, Küchen, Bettwaren	500 – 1.000
Bekleidung, Sportartikel, Teppiche/Tapeten/Farben/Lacke, Heimtextilien, Fliesen	1.000 – 2.000
Bürotechnik, Büroeinrichtung	1.500 – 3.000
Bau- und Heimwerkerbedarf, Gartenbedarf	> 1.000

Quelle: Handelswissen.de

Ein weiteres Unterscheidungskriterium der einzelnen Fachmarktrichtungen ist die Verkaufsstrategie. Zum einen gibt es die Discountorientierung mit geringer Beratungsintensität, zum anderen die Richtung der intensiven Servicestruktur mit vergleichsweise günstigen Preisen. Die Fachmärkte gehören neben den Discount-Angebotsformen zu den Gewinnern der letzten Jahre. Der Marktanteil der Fachmärkte am Einzelhandelsumsatz steigt stetig. Lag der Anteil im Jahr 2000 noch bei 11,8 Prozent, stieg er bis 2016 auf 16 Prozent an.

Abb. 30: Marktanteilsentwicklung nach Betriebsformen* in %

| 1995 | 2000 | 2006 | 2007 | 2008 | 2009 | 2010 | 2011 | 2012 | 2013 | 2014 |

■ SB-Warenhäuser/Verbrauchermärkte   ■ Kauf- und Warenhäuser   ▨ Filialisten

    Supermärkte   ■ Fachmärkte   ■ Versandhandel

■ Lebensmittel-Discounter   ■ Traditionelle Fachgeschäfte

*ohne Kfz, Brennstoffe, Apotheken.   Quelle: Hahn Real Estate Report 2013/14

Weitere Verlierer sind die Kauf- und Warenhäuser sowie überraschend die Supermärkte, deren Marktanteil in 20 Jahren um 40 Prozent sank. Beständig zeigten sich
die Marktanteile der beiden Betriebsformen der Filialisten sowie der SB-Warenhäuser. Als Gewinner mit einem fast einheitlichen Zugewinn in Höhe von jeweils etwa
fünf Prozentpunkten zeigten sich neben den bereits erwähnten Fachmärkten die
Lebensmittel-Discounter sowie der Versandhandel. Dieser wird in den kommenden
Jahren aufgrund der zunehmenden Bedeutung des Internets sicherlich einen weiteren Anstieg seines Marktanteils verzeichnen können.

Eine Ansammlung von mittel- bis großflächigen Fachmarktgeschäften ist der Definition nach ein Fachmarktzentrum. In Deutschland gibt es etwa 1.600 Fachmärkte, Fachmarktzentren und Fachmarktagglomerationen (> 10.000 Quadratmeter). Sie verfügen zusammen über 35 Millionen Quadratmeter Verkaufsfläche, was etwa 30 Prozent der gesamten deutschen Verkaufsfläche entspricht.

Baumärkte (Do-it-yourself Stores)

In Zahlen sieht die deutsche Baumarktlandschaft aktuell wie folgt aus: mehr als 2.400 Märkte, 12,8 Millionen Quadratmeter, Gesamtbruttoumsatz von 18,2 Milliarden Euro. Insgesamt werden gegenwärtig in Deutschland jeweils etwa 38.800 Einwohner durch einen Baumarkt versorgt. In den neuen Bundesländern sind es etwa 27.100. In den alten Bundesländern besteht demgegenüber eine erhebliche Bandbreite (von 25.800 Personen in Schleswig-Holstein bis 77.700 in Hamburg), wobei generell in Gebieten mit einer hohen Bevölkerungsdichte auch die Zahl der Einwohner je Baumarkt zunimmt. In keinem anderen europäischen Land ist solch eine flächendeckende Versorgungsdichte an Baumärkten zu finden wie in Deutschland. Dies schlägt sich auch in den Marktanteilen nieder. Rund 615 Euro und damit fast 11 Prozent der Einzelhandelskaufkraft stehen den Deutschen für Produkte aus dem Baumarkt zur Verfügung. Selbst Bekleidung liegt mit 426 Euro deutlich dahinter.

Gemessen am in Deutschland generierten Umsatz ist OBI der Marktführer im DIY-Segment, dicht gefolgt von Bauhaus. In den Top 6 der deutschen Baumärkte weiterhin vertreten sind Zeus (Hagebau), die REWE Group mit ihren Toom-Märkten, Hornbach sowie Globus.

Abb. 31: Sortimentskaufkraft Deutschlands (Nonfood), Anteil in % (2017)

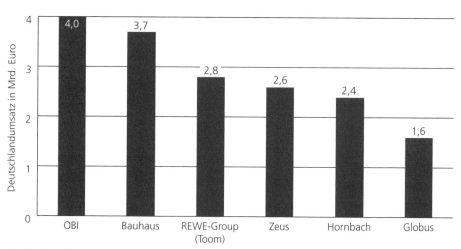

- 2,9% Informationstechnologie
- 7,0% Sonstiges
- 18,2% Baumarktsortimente
- 3,1% Schuhe, Lederwaren
- 3,2% Spielwaren, Hobbys
- 3,3% Foto, Optik
- 14,1% Einrichtungsbedarf
- 3,6% Sportartikel, Camping
- 5,1% Unterhaltungselektronik, elektronische Medien
- 6,1% Elektrohaushaltsgeräte
- 7,2% Bücher, Schreibwaren
- 13,6% Gesundheit, Pflege
- 12,6% Bekleidung

Quelle: GfK Sortimentskaufkraft Deutschland 2017, Jenacom Research

Abb. 32: Top 6 Baumärkte nach Deutschlandumsätzen in Mrd. Euro (2016)

Deutschlandumsatz in Mrd. Euro

OBI	Bauhaus	REWE-Group (Toom)	Zeus	Hornbach	Globus
4,0	3,7	2,8	2,6	2,4	1,6

Quelle: Dähne Verlag

OBI

Die Tengelmann-Tochter OBI ist nach wie vor der umsatzstärkste Baumarkt Deutschlands mit 354 deutschen Märkten und weiteren 299 Märkten in neun europäischen Ländern. Insgesamt konnte OBI 2016 mit rund 48.000 Beschäftigten einen Umsatz von 7,3 Milliarden Euro in Europa erzielen, davon mit 4 Milliarden Euro mehr als die Hälfte in Deutschland. Die Flächenproduktivität wird mit 1.505 Euro/Quadratmeter beziffert. Neben der fortschreitenden Expansion in Osteuropa liegt der Fokus der OBI-Strategie wie auch jener der Konkurrenz aktuell auf dem Onlinehandel. Hier nahm der Umsatz im Vergleich zu 2015 um 4 Prozent zu. Mit einer ungestützten Markenbekanntheit von 78 Prozent ist OBI laut Erhebung des Markenforschungsinstituts management consult im August 2015 der bekannteste Baumarkt in Deutschland und sieben weiteren Ländern.

Hornbach

1968 eröffnete Hornbach als erstes europäisches Unternehmen einen kombinierten Bau- und Gartenmarkt. Die Hornbach Holding AG mit Sitz in Neustadt an der Weinstraße bündelt neben Baumärkten auch den Baufachhandel „Hornbach Baustoff Union GmbH" und die „Hornbach Immobilien AG" und gehört zu den führenden Handelskonzernen im Baumarktgewerbe. Zusammen generierte die Gruppe 2016 einen Umsatz von 3,9 Milliarden Euro, davon mehr als die Hälfte in Deutschland. Hornbach ist in ganz Europa mit 154 Standorten vertreten und beschäftigt 15.000 Mitarbeiter. Im Kundenmonitor Deutschland belegte Hornbach im Jahr 2016 den ersten Platz in der Globalzufriedenheit unter den Bau- und Heimwerkermärkten.

Elektronikfachmärkte

Die Elektronikbranche setzte im Jahr 2016 mit langjährigen Verbrauchsgütern wie zum Beispiel Smartphones, Fotokameras, Waschmaschinen u. ä., die einen Großteil des Umsatzes ausmachten, gemeinsam mit dem restlichen Sortiment 30,4 Milliarden Euro um. Deutschland ist mit knapp 41 Millionen Haushalten und mehr als einem Fünftel des Absatzvolumens der wert- und mengenmäßig größte Hausgerätemarkt in Westeuropa. Die beiden Marktführer MediaMarkt und Saturn sind in der MediaMarktSaturn Retail Group zusammengeführt.

Abb. 33: Umsatz der Top 8 Elektronik-Fachhändler in Deutschland in Mrd. Euro (2016)

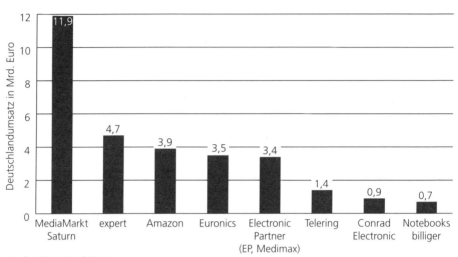

Quelle: Lebensmittelzeitung

MediaMarktSaturn Retail Group

Die MediaMarktSaturn Retail Group führt als wesentlicher Bestandteil der Ceconomy AG (ehemals Teil der METRO Group) den europäischen Elektrofachmarkt an. Die Gruppe besitzt mehr als 1.000 Märkte in 15 Ländern weltweit und expandiert weiter international. Insgesamt erwirtschaftete MediaMarktSaturn 2016 einen Umsatz von knapp 12 Milliarden Euro. Teil der Unternehmensgruppe ist seit 2011 der 2003 in Aschaffenburg gegründete Online-Elektronikhändler redcoon. Auch die Onlineplattform iBood sowie die digitale Entertainmentplattform JUKE sind Teil von MediaMarktSaturn. Mit dem zusätzlichen Internetangebot der Kernmarken Media Markt und Saturn wird das Ziel einer umfassenden Vernetzung von stationärem und Online-Vertrieb verfolgt. Zudem vermarktet die Gruppe die eigenen Produktmarken PEAQ, KOENIC, ISY und ok.

expert

Die expert AG mit Sitz in Hannover-Langenhagen ist eine Kooperation von Händlern für Unterhaltungselektronik, Kommunikations- und Hausgerätetechnik. In dieser Branche belegt die Gruppe nach MediaMarkt und Saturn Platz zwei in Deutschland. Aktuell gehören der expert AG Deutschland 210 Gesellschafter mit rund 443 Filialen an, die im Geschäftsjahr 2016 einen Umsatz von 4,7 Milliarden Euro erwirtschafteten. Die expert AG durfte im Frühjahr 2013 eine besondere Auszeichnung entgegennehmen: den ECHO in der Kategorie Handelspartner des Jahres. Hintergrund ist das umfangreiche Musiksortiment des Elektronikhändlers, welches sowohl im stationären Handel als auch im Internet erfolgreich in Szene gesetzt wird. Weiterhin setzt expert darauf, durch zusätzliche Gesellschafter an geeigneten Standorten zu expandieren.

Cash & Carry-Märkte

Der Cash & Carry-Markt, kurz C&C-Markt, stellt einen Selbstbedienungs- und Abholgroßmarkt für Gewerbetreibende dar und richtet sich somit nicht an die Endverbraucher. Wie der Name schon andeutet, hat der Käufer die Zusammenstellung der Ware und den Transport selbst zu übernehmen. Für Jahrzehnte unangefochten, erfährt dieses Format seit einiger Zeit starke Konkurrenz von den Discountern und Supermärkten durch preisgünstige Produkte, gut gelegene Immobilien und verlängerte Öffnungszeiten. Innerhalb der C&C-Branche ist der Gesamtumsatz konzentriert auf fünf Top-Händler, die über 90 Prozent des Marktes ausmachen. Insgesamt bestehen 362 Cash & Carry-Märkte in Deutschland bei leicht abnehmender Tendenz des Bestandes innerhalb der letzten acht Jahre.

Abb. 34: Umsatz der Top 5 Cash & Carry-Marktbetreiber in Deutschland in Mrd. Euro (2015)

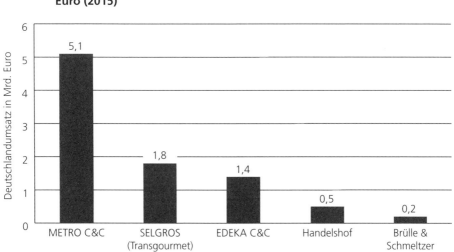

Quelle: TradeDimensions

Gemessen an der Anzahl liegt EDEKA mit 108 C&C-Märkten in Deutschland vor allen ihren Konkurrenten. METRO (inkl. C+C Schaper) ist mit 107 Märkten bundesweit vertreten und dank einem Deutschlandumsatz von knapp 5,1 Milliarden Euro der unangefochtene Marktführer. Dahinter folgen SELGROS mit 55 deutschen Standorten und etwa 1,8 Milliarden Euro Umsatz. Die Nummer vier der umsatzstärksten Cash & Carry-Unternehmen bildet Handelshof mit 16 deutschen Märkten. An fünfter Stelle rangiert Brülle & Schmeltzer aus Lippstadt mit einem Jahresumsatz von rund 200 Millionen Euro, der an sechs Standorten erwirtschaftet wird.

SELGROS (Transgourmet)
Die Transgourmet-Gruppe mit Sitz in Basel gehört zur Coop-Gruppe und ist Europas zweitgrößtes Cash & Carry- und Foodservice-Unternehmen. Neben großen Abholmärkten bietet Transgourmet auch einen Belieferungsgroßhandel. Die Divisionen Cash & Carry mit den Formaten Prodega/Growa und SELGROS sowie Foodservice mit Transgourmet France und Howeg sind in der Schweiz, in Deutschland, Frankreich, Polen, Rumänien und Russland tätig. 2015 wurde mit mehr als 24.000 Mitarbeitern ein Gruppengesamtumsatz von über 7,5 Milliarden Euro erzielt.

SELGROS (=SELbstbedienungs-GROSshandel) entstand 1989 aus einem Joint Venture der Cash & Carry-Aktivitäten der Otto Group Hamburg sowie der REWE Group Köln. Die Eigennamen der Märkte blieben dabei erhalten. 2014 wurden die bis dahin unter dem Namen FEGRO firmierenden 14 Märkte in SELGROS umbenannt. Die Marke FEGRO existiert damit nicht mehr. Heute ist SELGROS in Deutschland, Polen, Rumänien und Russland mit insgesamt 90 C&C-Märkten vertreten. 2015 erwirtschaftete das Unternehmen 1,8 Milliarden Euro auf dem deutschen Markt.

Supermärkte

Der Supermarkt, auch Vollsortimenter genannt, bezeichnet eine große Einzelhandelsfläche, welche Lebensmittel, Genussmittel und Nonfood-Artikel anbietet. Auch diese Form des Lebensmitteleinzelhandels verzichtet auf kostenintensiven Kundenservice und setzt weitgehend auf das Prinzip der Selbstbedienung. Supermärkte können mithilfe ihrer Verkaufsflächen definiert werden. Ein Supermarkt muss mindestens 400 Quadratmeter haben. Das Maximum liegt in der Regel bei 5.000 Quadratmetern. Der Supermarkt besitzt, im Gegensatz zum Discounter, ein großes

Sortiment mit bis zu 40.000 verschiedenen Waren, während der Discounter oft nur bei 1.000 bis 1.500 Produkten liegt. Die meisten Supermärkte sind Teil einer Handelskette.

Die zehn umsatzstärksten Supermarktketten erzielten 2013 einen Umsatz von 18,1 Milliarden Euro und haben damit einen Marktanteil von gut 95 Prozent im Supermarktsegment. Besonders durch die wachsende Rolle von Eigenmarken im Vertrieb und neue Flächenkonzepte, die mehr Raum und ein breiteres Warensortiment bieten, konnten neue Kunden gewonnen werden. Die größten Supermarktketten gehören zu REWE und der EDEKA. Durch die Übernahme von Kaiser's Tengelmann durch EDEKA im März 2016 hat sich die Gewichtung im Supermarktbereich jüngst zu Gunsten der EDEKA verschoben. Dennoch bleibt die REWE Group mit deutlichem Abstand Marktführer in diesem Segment.

Abb. 35: Umsatz der Top 5 im Supermarkt-Bereich in Mrd. Euro (2013)

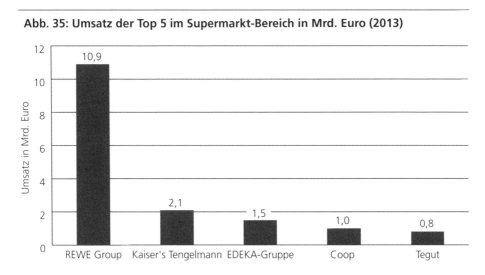

Quelle: TradeDimensions

Die Entwicklung der benötigten Fläche durch die Supermärkte/Vollsortimenter wurde in den letzten Jahren differenzierter. REWE ist Vorreiter im Online-Supermarktbereich und setzt auf eine Kooperation mit dem NABU. Für EDEKA sind künftig Filialen im klassischen Vollsortimentbereich ab einer Größe von 1.500 Quadratmetern attraktiv. Man setzt hier verstärkt auf integrierte, zentrumsnahe Lagen. Der Bedarf an neuen Flächen für den Lebensmitteleinzelhandel wird wohl weiter anhalten. Dabei sind die im Inland erprobten und über Jahrzehnte perfektionierten Konzepte mittlerweile die Blaupause für den Markteintritt im (benachbarten) europäischen Ausland sowie den USA.

coop

Die coop eG ist nach eigenen Angaben Deutschlands größte Konsumgenossenschaft im Lebensmitteleinzelhandel mit mehr als 80.000 Genossen. Im Norden Deutschlands befinden sich knapp 200 Märkte in Schleswig-Holstein, Hamburg, Mecklenburg-Vorpommern, Niedersachsen und Brandenburg. Die beiden Hauptvertriebsschienen sind hierbei plaza und sky. Während unter dem Namen plaza SB-Warenhäuser und Bau- & Gartencenter angesiedelt sind, finden sich unter dem Logo von sky die Supermärkte. 2016 wurden 1,2 Milliarden Euro Gesamtumsatz generiert, wovon rund eine Milliarde Euro auf die Supermärkte von sky entfallen. Derzeit sind 176 sky-Verbrauchermärkte im Norden des Landes zu finden. Der durchschnittliche sky-Markt verfügt über 1.300 Quadratmeter und liegt in Stadtteilen oder Orten ab 4.000 Einwohnern. Fuhr das Unternehmen 2015 einen erheblichen Verlust ein, konnte der Betriebsgewinn 2016 wieder auf ein Niveau gehoben werden, das dem der Vorjahre entsprach. Zudem gliederte coop 2016 das operative Geschäft in die Supermärkte Nord Vertriebs GmbH & Co. KG aus, an der neben coop auch die REWE Markt GmbH als Gesellschafter beteiligt ist

Discounter

Die Discounter sind jene Unternehmen des stationären Einzelhandels, die sich durch eine einfache Präsentation und ein vergleichsweise schmales, jedoch optimiertes Warensortiment zumeist bestehend aus 1.000 bis 1.500 Produkten und somit niedrige Verkaufspreise auszeichnen. Sie konzentrieren sich auf die Schnelldreher, auch um hohe Lagerkosten zu sparen. Häufig verzichten die Unternehmen auf Herstellermarken, um eigene, billiger produzierte Handelsmarken anzubieten. Besonders bekannt sind die Discounter im Lebensmittelbereich, jedoch gibt es

auch Geschäfte mit Artikeln aus dem Nonfood-Sektor (beispielweise KiK). Die Verkaufsfläche betrug lange Zeit um die 600-800 Quadratmeter, jedoch geht der Trend
eher zu neuen Formaten mit Flächen zwischen 1.000-1.200 Quadratmetern.

Der Umsatz der Lebensmitteldiscounter ist über die letzten Jahre kontinuierlich
gestiegen, nicht zuletzt aufgrund eines permanent optimierten Filialnetzes. In
Deutschland gibt es über 16.000 Lebensmitteldiscounter mit einer Gesamt-Ver-
kaufsfläche von gut 12 Millionen Quadratmetern. Weiterhin führend unter den Discountern ist die ALDI-Gruppe, gefolgt von Lidl und Netto Marken-Discount.

Abb. 36: Umsatz der Top 5 Discounter Deutschlands in Mrd. Euro (2016)

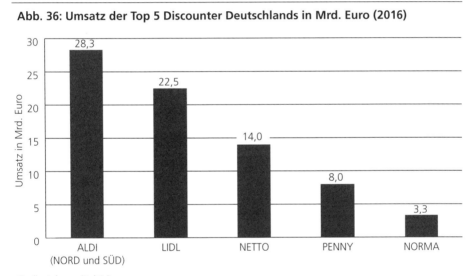

Quelle: Lebensmittel Zeitung

Die hohe Discounter-Dichte in Deutschland veranlasst die Unternehmen, weiter in
dünnbesiedelte Gebiete vorzudringen. Besonders Netto setzt auf neuartige Konzepte, die auch bisher eher vernachlässigte Standorte mit einem Einzugsgebiet ab
ca. 3.000 Einwohnern erschließen sollen. Das Umsatzwachstum der Discounter
lässt sich derzeit vor allem auf die steigende Produktqualität, mitunter verbunden
mit gewissen Preissteigerungen, zurückführen. Diese Tendenz wird sich fortsetzen
und somit weiteres Umsatzwachstum sichern.

Netto

Die EDEKA-Discount-Tochter Netto Marken-Discount AG & Co. KG verfügt nach eigenen Angaben über die größte Lebensmittelauswahl im deutschen Discountsektor. Über 4.100 Filialen sorgen mit rund 74.000 Mitarbeitern für einen reibungslosen Einkauf der wöchentlich etwa 21 Millionen Kunden. Durch das Wachstum in den 90er Jahren und die Übernahme der Plusmärkte sind die Nettofilialen mittlerweile über die gesamte Bundesrepublik verteilt. Mit dem zukünftigen Wachstum sollte der Discounter in den kommenden Jahren weiterhin in der Lage sein, mit ALDI und Lidl zu konkurrieren und vor allem deren bisherige Volumenvorteile aufzulösen. Netto ist in seiner Strategie eine Art Zwischenstufe zwischen Vollsortimenter und gängigem Discounter und profiliert sich zunehmend auch über Markenprodukte. Der Netto Marken-Discount ist dabei nicht zu verwechseln mit dem ursprünglich dänischen Discounter Netto, welcher zu 100 Prozent der Dansk Supermarked A/S gehört.

Penny

Penny ist bundesweit an fast 2.200 Standorten mit 27.000 Mitarbeitern vertreten und generierte 2016 einen Umsatz von 8 Milliarden Euro. Das zur REWE Group gehörende Unternehmen ist mit einem Umsatz von mehr als 11 Milliarden Euro auch im europäischen Umfeld führend. Das Filialnetz in Deutschland, Österreich, Italien, Rumänien, Tschechien, Bulgarien und Ungarn umfasst insgesamt mehr als 3.500 Märkte mit 48.000 Beschäftigten.

Büro

Im dritten Quartal 2017 wurden in den sieben großen Büromärkten Berlin, Düsseldorf, Frankfurt am Main, Hamburg, Köln, Stuttgart und München insgesamt 2,94 Millionen Quadratmeter Bürofläche umgesetzt. Gegenüber dem Vorjahreszeitraum ist dies ein Zuwachs von 9 Prozent. Der zehnjährige Schnitt wurde damit um etwa ein Viertel übertroffen. Der Rückgang der Leerstandsrate setzte sich fort, im Vergleich zum Vorjahr um weitere 11 Prozent. Dies ist auch eine Folge des eher geringen aktuellen Neubauvolumens. Es wird weiterhin angenommen, dass aufgrund der stabilen wirtschaftlichen Entwicklung Deutschlands sowie der positiven Entwicklung am Arbeitsmarkt kein Rückgang der Nachfrage nach modernen Büroflächen zu erwarten ist, sondern eine anhaltend hohe Nachfrage wie bisher. Dem zugute kommt der anhaltende Rückgang an verfügbaren Büroflächen in Deutschland.

Der Büroimmobilienmarkt Hannover entwickelte sich in den letzten Jahren dynamisch: So wurden beispielsweise bereits 120.000 Quadratmeter Büroflächen im Jahr 2016 gehandelt. Die Spitzenmiete lag 2017 bei 15,30 Euro/Quadratmeter. Die Spitzenmiete hatte nach der Dotcom-Krise zwar deutlich nachgegeben, zeigt sich von den jüngsten Krisen allerdings wenig beeindruckt. Sie ist seit 2007 wieder deutlich gestiegen, von 2016 auf 2017 um mehr als 3 Prozent (+0,50 Euro/Quadratmeter. Hier zeigt sich der Standort deutlich weniger volatil als die acht Top-Standorte Berlin, Düsseldorf, Essen, Frankfurt, Hamburg, Köln, Leipzig und München. Seit 2003 wurden in Hannover insgesamt über 1,4 Millionen Quadratmeter Büroflächen umgesetzt. In den letzten fünf Jahren lag der durchschnittliche Jahresumsatz sogar bei mehr als 120.000 Quadratmetern. Hannover verfügt mit einem Büroflächenbestand von gut 5 Millionen Quadratmetern über den größten Flächenbestand unter den regionalen Immobilienzentren, den sogenannten B-Städten, zu denen ebenso z. B. Bochum, Bonn, Dortmund, Dresden, Duisburg, Mannheim, Nürnberg sowie Wiesbaden zählen.

Abb. 37: Kennzahlen des Büroimmobilienmarktes Hannover

Gesamtbürobeschäftigte 2017	176.000
Gesamtbürobeschäftigtenquote 2017 in %	41,5
Mietfläche Büroflächenbestand 2016 in Mio. m²	5,1
Büroflächenumsatz 2016 in m²	120.000
Leerstand 2016 in m²	229.000
Leerstandsquote 2016 in %	4,5
Spitzenmiete 2017 in Euro/m²	15,30
Durchschnittsmiete 2016 in Euro/m²	10,00
Nettoanfangsrendite in Spitzenlagen 2017 in %	4,5

Quelle: Hannover.de

Betrachtet man die Gesamtbürobeschäftigtenquote, so fällt auf, dass fast die Hälfte aller Beschäftigten im Büro arbeitet. Die Bürobeschäftigung ist ein wichtiger Indikator für die Attraktivität einer Stadt. Zuwächse in der Bürobeschäftigung sind gleichbedeutend mit zusätzlicher Büronachfrage, die sich positiv auf die Mieten und die Bautätigkeit auswirken kann. Entsprechend groß sollte demnach auch das Augenmerk auf diese Zahl sein.

Logistik

Die Logistik ist in Deutschland der größte Wirtschaftsbereich nach der Automobilindustrie und dem Handel. Sie rangiert noch vor der Elektronikbranche und dem Maschinenbau. Rund 258 Milliarden Euro Umsatz wurden im Jahr 2016 branchenweit erwirtschaftet. Der Logistikmarkt Europas wird auf etwa eine Billion Euro geschätzt. Daran hat Deutschland mit mehr als 25 Prozent einen hohen Anteil. Das liegt nicht nur an der geografischen Lage im Herzen Europas, sondern an der internationalen Spitzenposition in Infrastrukturqualität und Logistiktechnologie Deutschlands. Die Umsätze der deutschen Logistikbranche gehen seit Jahren signifikant in die Höhe und werden voraussichtlich auch in Zukunft weiter wachsen.

Abb. 38: Umsatz der Logistikbranche in Deutschland in Mrd. Euro (2013-2017)

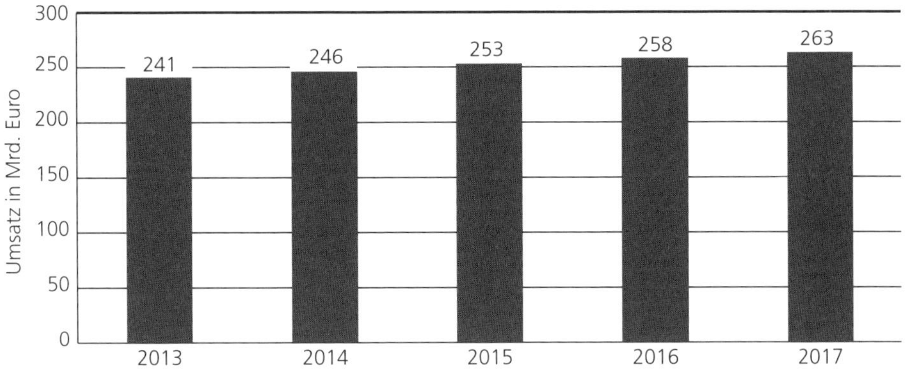

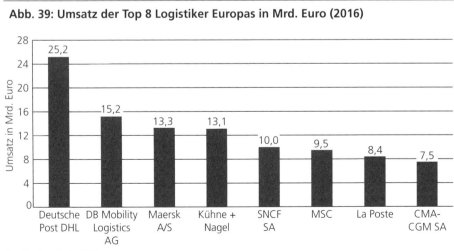

Quelle: Fraunhofer SCS (Bis 2013), BVL für 2014

Nur knapp die Hälfte der logistischen Leistungen, die in Deutschland erbracht werden, bestehen in der sichtbaren Bewegung von Gütern durch Dienstleister. Die andere Hälfte findet in der Planung, Steuerung und Umsetzung innerhalb von Unternehmen statt. Im Bereich der logistischen Dienstleistungen agieren ca. 60.000 Unternehmen, die vorwiegend mittelständisch geprägt sind. Die acht größten europäischen Logistiker erwirtschafteten 2016 einen Umsatz von 102,2 Milliarden Euro, wobei die Deutsche Post DHL mit weitem Abstand der Marktführer ist.

Abb. 39: Umsatz der Top 8 Logistiker Europas in Mrd. Euro (2016)

Quelle: Fraunhofer SCS

Deutsche Post DHL

Die expansive Entwicklung der Deutschen Post begann 1990 als staatliches Unternehmen Deutsche Bundespost. 2000 folgte dann die Börsenlistung, seit 2001 sogar die Aufnahme in den DAX. Nachdem sie seit 1998 an DHL beteiligt war, übernahm die Post AG 2002 DHL und firmiert seitdem unter Deutsche Post DHL. Durch diesen Zusammenschluss ist der Bonner Konzern heute das größte Logistik- und Postunternehmen der Welt. Die ehemals konzernzugehörige Deutsche Postbank AG wurde 2012 an die Deutsche Bank AG verkauft, um eine Fokussierung auf Briefverkehr und globale Logistik zu legen. Der Gesamtkonzernumsatz weltweit betrug im Jahr 2016 57,3 Milliarden Euro, welcher von 500.000 Mitarbeitern in mehr als 220 Ländern erwirtschaftet wurde.

DB Mobility Logistics

Die Nummer zwei unter Europas Logistikern war 2016 die DB Mobility Logistics AG, die im August desselben Jahres aufgelöst und dem Mutterkonzern, der Deutschen Bahn AG, zugeführt wurde. Die DB beschäftigt weltweit in mehr als 130 Ländern über 300.000 Mitarbeiter, 187.000 davon in Deutschland. Hauptgeschäftsbereich des Konzerns ist das deutsche Eisenbahngeschäft mit rund 5,5 Millionen Kunden täglich im Schienenpersonenverkehr. Erweitert wird es um die Bereiche Buspersonenverkehr, Schienengüterverkehr, Transport und Logistik, Luft- und Seefracht.

Kühne + Nagel

Der 1890 in Bremen gegründete Logistiker ist heute die Nummer vier in Europa mit 70.000 Mitarbeitern an 1.300 Standorten in 108 Ländern der Welt. Davon werden 13.500 Mitarbeiter an über 100 deutschen Standorten beschäftigt. Der deutsche Firmensitz befindet sich in Hamburg. In Europa wurde 20164 ein Umsatz von 13,1 und weltweit von 17 Milliarden Euro erwirtschaftet.

Kino

Nach dem Rekordumsatz von über 1,1 Milliarden Euro im Jahr 2015 verharrte der Umsatz 2016 mit 121 Millionen Besuchern nur knapp über der Eine-Milliarde-Euro-Marke (bei 1.023 Millionen Euro). Erwartet wird bis 2021 ein jährliches Besucherzahlenniveau zwischen 120 und 130 Millionen. Der Anteil deutscher Filme am deut-

schen Kinomarkt erhöht sich kontinuierlich und lag 2015 bei 27,5 Prozent. Dies ist
der höchste Wert der letzten zwei Jahrzehnte. Der Markt für 3D-Filmvorführungen
nimmt insgesamt zu und der Umsatz lag 2016 deutschlandweit bei 296 Millionen
Euro. Die Zahl der Besucher von 3D-Kinofilmen erreichte 2016 mit 31,3 Millionen
sogar einen Höchststand.

Abb. 40: Kinoumsatz in Deutschland in Mio. Euro (2011-2016)

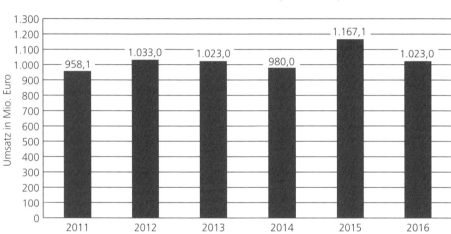

Quelle: FFA (Filmförderungsanstalt)

Nachdem die Digitalisierung der deutschen Kinos in den letzten Jahren deutlich
fortgeschritten ist, könnte nach der flächendeckenden Einführung des 3D-Kinos
nun die Erweiterung auf 4D anstehen. In diesem Kinoformat, das in Südkorea bereits üblich ist und sich in mehreren Ländern in der Startphase befindet, werden
auch Tast- und Geruchssinn der Besucher angesprochen. Aktuell befinden sich erst
eine Handvoll 4D-Kinos in Deutschland, davon einige in Freizeitparks.

In Bezug auf den Bestand von Kinoimmobilien in Deutschland ist eine Konsolidie-
rung erkennbar. Von insgesamt 1.844 Kinos im Jahr 2002 sank die Anzahl der Spiel-
stätten auf 1.654 im Jahr 2016. Parallel dazu vollzieht sich eine zunehmende Fokussierung der Branche auf Multiplexkinos, welche 1990 erstmals in Deutschland
eingeführt wurden und 2016 mit 1.395 Multiplexsälen einen neuen Höchststand
erreicht haben. Insgesamt befinden sich Kinoimmobilien mit einem geschätzten

Wert von über einer Milliarde Euro in der Hand von Privatpersonen, geschlossenen Immobilienfonds und Private-Equity-Unternehmen.

Cineplex
Cineplex ist der größte Kinobetreiber Deutschlands mit aktuell (2014) 90 Kinos in 66 Städten und einem Marktanteil von 14 Prozent. 1996 wurde zunächst ein Verbund aus sechs mittelständischen Kinounternehmen gegründet, der 2002 in die Cineplex Deutschland GmbH & Co. KG führte. Seit 2008 befindet sich der Hauptsitz in Wuppertal. Bereits 2012 war die Digitalisierung der Cineplex-Kinosäle vollständig abgeschlossen. Im Bereich technischer Innovation zeigt sich Cineplex weiterhin in einer Vorreiterrolle. So war das Unternehmen bereits 2011 mit 175 digitalen sowie 3D-Leinwänden Marktführer in diesem Segment. Im Oktober 2014 wurde zudem in einem bayerischen Cineplex-Kino der erste Laserprojektor Deutschlands in den regulären Spielbetrieb aufgenommen.

Parken

In Deutschland gibt es insgesamt 4,8 Millionen bewirtschaftete Stellplätze, davon liegen etwa 1,1 Millionen Stellplätze an öffentlichen Straßen (On-Street). Diese sind den Kommunen vorbehalten. Von den übrig bleibenden 3,7 Millionen (Off-Street) werden knapp ein Drittel dem Eventbereich zugeschrieben, ein weiteres Drittel teilen sich die Segmente Hotel, Krankenhaus, Flughafen und sonstige Marktsegmente und der Rest zählt zur Sparte Innenstadt und Einkaufszentren. 70 Prozent der 3,7 Millionen Stellplätze sind gebührenpflichtig.

Abb. 41: Bewirtschaftete Stellplätze in Deutschland in Mio. (2010)

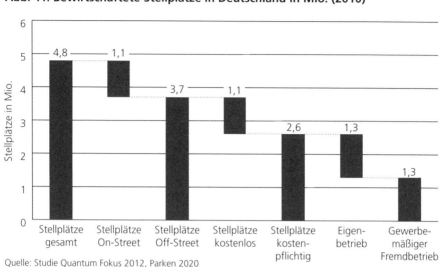

Quelle: Studie Quantum Fokus 2012, Parken 2020

Trotz der mehr oder weniger stagnierenden Bevölkerungsentwicklung in Deutschland wird die Motorisierung vor allem der Frauen und der älteren Bevölkerung zunehmen. Ein großer Anteil der privaten Konsumausgaben entfällt nach den Wohnungskosten auf den Sektor Verkehr mit etwa 13 Prozent. Das bedeutet, dass die Mobilität im 21. Jahrhundert eine zentrale Rolle im Leben jedes Einzelnen einnimmt. Die Bedeutung des Parkraums wächst zunehmend, nicht zuletzt, da die Autos etwa 85 bis 90 Prozent der Zeit stillstehen und für diese Zeit einen Stellplatz benötigen. Die gebührenfreien Parkplätze werden von den Kommunen zunehmend reduziert, was positive Auswirkungen für die private Parkraumwirtschaft hat. Die Preise für kurzes Parken haben von 2011 auf 2012 um 4,5 Prozent zugenommen und die monatlichen Stellplatzgebühren sind 2012 im Durchschnitt auf 64 Euro gestiegen. Bis 2020 geht man weiterhin von einem Marktwachstum aus und rechnet mit einer Entwicklung weg von der öffentlichen Hand hin zu professionellen privaten Bewirtschaftungsunternehmen.

Abb. 42: Private Parkraumbewirtschaftungsunternehmen in Deutschland in %

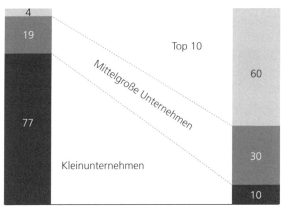

100% = 280 Unternehmen   100% = 2,6 Mio. Stellplätze

Quelle: JenAcon Research

Einige Unternehmen haben sich speziell auf den Betrieb von Parkimmobilien fokussiert. Der größte Anbieter gemessen an den Umsätzen in Europa ist APCOA, gefolgt von Q-Park, INDIGO und Contipark.

Abb. 43: Umsatz der größten in Europa tätigen Parkraumbewirtschafter in Mio. Euro (2015)

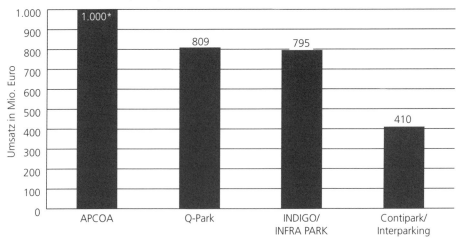

*Näherungswert, inkl. Dienstleistungen für Vertragspartner   Quelle: JenAcon Research, Unternehmensangaben

APCOA

APCOA („Airport Parking Corporation of America") mit Sitz in Stuttgart ist Europas größter Parkraumbewirtschafter nach Gesamtumsatz und gleichzeitig nach Standorten. APCOA beschäftigt knapp 5.000 Mitarbeiter und erzielt damit einen Umsatz von ca. einer Milliarde Euro. Das Unternehmen ist in 12 Ländern mit über 8.700 Standorten vertreten und bewirtschaftet 1,4 Millionen Stellplätze für Kraftfahrzeuge, wovon sich etwa 200.000 in Deutschland befinden.

Q-Park

Q-Park ist in zehn nord- und westeuropäischen Ländern vertreten und gehört zu den führenden Parkhausbetreibern Europas. Die Maastrichter Firma verfügt über mehr als 870.000 Stellplätze an mehr als 6.300 Standorten. Im Jahr 2000 wurde in Saarbrücken mit dem Aufbau des ersten deutschen Standortes begonnen. Heute werden bundesweit in 37 Städten 116 Parkobjekte mit insgesamt mehr als 88.000 Stellplätzen betrieben, unter anderem die Parkhäuser des Flughafens Berlin-Tegel. Q-Parks Anspruch ist es, der meistgewählte und meistempfohlene Parkraumbewirtschafter in Nordwesteuropa zu sein.

INDIGO / INFRA PARK

INDIGO (ehemals VINCI Park) gehört zu 100 Prozent der Holding INFRA PARK, einer Tochtergesellschaft für Parkraumbewirtschaftung des CAC-40-Unternehmens Crédit Agricole sowie der Beteiligungsgesellschaft ARDIAN, ist mit mehr als 19.000 Mitarbeitern weltweit in 16 Ländern vertreten und bewirtschaftet über 2,2 Millionen Fahrzeugstellplätze (Deutschland: 14.000 Parkplätze in 14 Städten). Damit konnte INDIGO / INFRA PARK 2015 einen Umsatz in Höhe von 795 Millionen Euro generieren.

Contipark / Interparking

Der Berliner Parkplatzbetreiber Contipark ist eine Tochter der Interparking Group und betreibt in rund 550 Parkeinrichtungen in mehr als 190 deutschen und österreichischen Städten. Europaweit betreibt die Interparking Group mit mehr als 2.300 Mitarbeitern über 700 Parkeinrichtungen. Im Jahr 2005 gründete Contipark mit der Deutschen Bahn das Joint Venture DB BahnPark GmbH und ist somit bundesweit an den meisten Bahnhöfen vertreten.

Der Transaktionsmarkt für Gewerbeimmobilien in Deutschland

Die Entwicklung der Wirtschaft eines Landes und die des Gewerbeimmobilien-marktes korrelieren eng miteinander. Der Markt reagiert extrem volatil auf Konjunk-turschwankungen, wie in der nachfolgenden Abbildung zu sehen ist: Während bis 2007 mit ersten großen Deals wie Karstadt Kompakt der erste Schritt in Richtung Professionalisierung gegangen wurde und sich das Transaktionsvolumen Jahr für Jahr signifikant steigerte, kam es im Jahr 2008 aufgrund der Lehman-Krise zu einem Zusammenbruch des Immobilienmarktes. 2009 betrug das Transaktionsvolumen der deutschen Gewerbeimmobilien gerade einmal ein Sechstel des Wertes von 2007. Seitdem erholt sich der Gewerbeimmobilienmarkt sukzessive und erreichte im Jahr 2017 den höchsten Transaktionswert seit zehn Jahren erreichen. Hierbei sind Trends zu Portfoliotransaktionen und zur Steigerung von Investitionen aus dem Ausland zu erkennen. Insgesamt ist das Preisniveau der Gewerbeflächen seit der Wirtschaftskrise zeitweise um 40 Prozent gesunken. Auch mit dem aktuellen Wert für 2017 von 58,2 Milliarden Euro pendelt sich das Transaktionsvolumen in Deutschland derzeit zwischen den Dimensionen der Jahre 2006 (49,7 Milliarden Euro) und 2007 (59,5 Milliarden Euro) ein. Anhand dieser Entwicklung zeigt sich der Standort Deutschland als einer der global am stärksten gefragten Immobilien-märkte. Vorteilhaft wirken sich die attraktiven wirtschaftlichen Rahmenbedingun-gen Deutschlands wie die stetig sinkende Arbeitslosenzahl, günstige Finanzierungs-bedingungen sowie die positive Grundstimmung der Wirtschaft aus.

Abb. 44: Transaktionsvolumen für Gewerbeimmobilien in Deutschland in Mrd. Euro

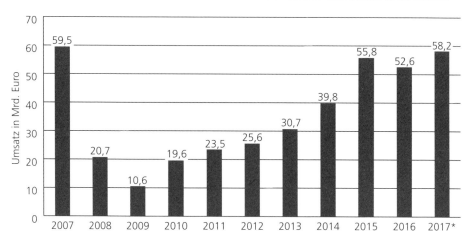

*nach Berechnungen von BNPPRE.   Quelle: Colliers International, CBRE, JLL, JenAcon

Das Transaktionsvolumen von 58,2 Milliarden Euro, das im Jahr 2017 erreicht wurde, stellt den zweithöchsten Jahresumsatz nach 2007 dar. Investiert wird aktuell zu 45 Prozent in Büro-, zu 19 Prozent in Einzelhandels-, zu 16 Prozent in Logistik- und zu 7 Prozent in Industrieimmobilien. 13 Prozent des Volumens verteilen sich auf sonstige Assets wie Hotels, Grundstücke oder Spezialimmobilien.

Als Hemmschuh der positiven Entwicklung des Transaktionsvolumens gilt zunehmend die Produktknappheit. Diese steht im Gegensatz zur seit einigen Jahren anhaltend hohen Nachfrage. So zeigten sich in einer Investorenumfrage vom September 2017 fast 50 Prozent der Befragten willens, die eigenen Immobilienbestände zu erhöhen. Weitere nahezu 40 Prozent gaben das Ziel an, ihre Besitzungen zu halten. Die überwiegende Zahl der Investoren sieht die derzeitige Produktknappheit als problematisch für die jeweilige Unternehmensstrategie an.

Abb. 45: Aufteilung des deutschen Transaktionsvolumens in % (2017)

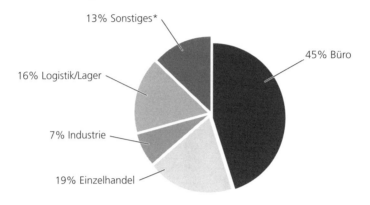

13% Sonstiges*

16% Logistik/Lager

7% Industrie

19% Einzelhandel

45% Büro

*Hotels, Grundstücke, Spezialimmobilien   Quelle: CBRE

Abb. 46: Aufteilung der Einzelhandels-Assets nach Typen in % (2017)

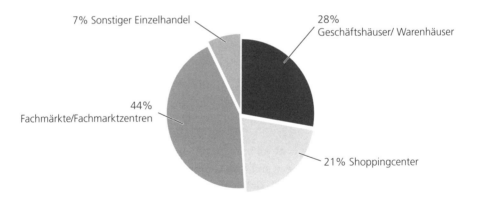

7% Sonstiger Einzelhandel

28% Geschäftshäuser/ Warenhäuser

44% Fachmärkte/Fachmarktzentren

21% Shoppingcenter

Quelle: CBRE

In den sieben deutschen Top-Immobilienmärkten Berlin, Düsseldorf, Frankfurt, Hamburg, Köln, Stuttgart und München stieg im ersten Dreivierteljahr 2017 das Investmentvolumen um durchschnittlich 19 Prozent im Vergleich zu den ersten drei Quartalen von 2016 an. Etwa 70 Prozent des gesamtdeutschen Investitionsvolumens wurden hier umgesetzt. Einen besonders rasanten Anstieg im Vorjahresvergleich verzeichnete Berlin mit 5,9 Milliarden Euro (+ 74 %). Sieben der zehn größten Transaktionen waren Portfoliodeals, insgesamt nahm die Zahl der Paketverkäufe im Vorjahresvergleich um 25

Prozent zu. Ausländische Investoren, vornehmlich aus den USA, Kanada, Großbritannien, Frankreich und Israel, hatten großen Anteil daran. Zusammen investierten sie etwa 65 Prozent des Volumens und beflügelten damit die Transaktionsdynamik im Jahr 2017. Aufgrund der konstant hohen Nachfrage nach Core-Immobilien und einer damit einhergehenden Angebotsverknappung nimmt die Bedeutung von Gewerbeimmobilien in B-Lagen und die von Value-add-Assets kontinuierlich zu. Neben etlichen großen Immobilienberatungsfirmen arbeiten über 30.000 registrierte sowie weitere ca. 100.000 nicht registrierte Immobilienmakler in Deutschland. 6.000 Immobilienunternehmen sind aktuell im Immobilienverband Deutschland (IVD) organisiert. Die wichtigsten Transaktionen im Jahr 2017 sind nachfolgend aufgelistet:

Abb. 47: Die wichtigsten Deals im Jahr 2017

Käufer	Verkäufer	Volumen in Mio. Euro	Beschreibung
GLP	Brookfield Property Partners	2.400	Übernahme des Logistikentwicklers IDI Gazeley (Immobilienwert Deutschland: über 800 Mio. Euro)
China Investment Corporation (CIC)	Blackstone	2.200	Logicor-Portfolio (Logistik)
Signa Prime	RFR Holding	1.500	Primus-Portfolio (Premium-EZH)
Blackstone/M7	Hansteen Holdings	1.280	Hansteen-Logistik-Portfolio (Wert der deutschen Immobilien: 974,3 Mio. Euro)
Intown Invest	Apollo Global Management	1.200	Monolith-Portfolio (Büro)
Oxford Properties & Madison International Realty	National Pension Service (NPS)	1.111	Sony Center, Berlin (Büro)
Pradera	IKEA	900	IKEA Homepark-Portfolio (25 Fachmarktzentren, 10 davon in Deutschland im Wert von: 295 Mio. Euro)
Deka Immobilien	CA Immo Deutschland, WPI Fonds SCS-Fis, eine Pensionsgesellschaft & Fagas Asset GmbH	775	Tower 185, Frankfurt am Main (Büro)
Universal-Investment/Bayerische Versorgungskammer	Corestate Capital	687	90 Einzelhandelsimmobilien, bestehend aus mehreren Tranchen
TLG Immobilien AG	WCM	685	Übernahme der Gesellschaft WCM (Portfolio mit 57 Objekten, Büro/EZH)

Quelle: JenAcon Research, Thomas Daily, Immobilien Zeitung, Ernst & Young

3.3.1.2.3 Objektbeschreibung (Beispiel)[1]

SB-Warenhaus Jena

Abb. 48: Objektdaten SB-Warenhaus Jena

Objekttyp	SBW
Hauptmieter	SB-Warenhaus-Betreiber
Jahresnettokaltmiete in Euro	869.400
Nebenkosten in Euro	48.641
Davon nicht umlegbar:	48.641
WALT in Jahren	2,9
Gesamtmietfläche in m²	6.900
Grundstücksfläche in m²	13.600
Vermietungsstand in %	100
Baujahr	1999
Anzahl Stellplätze	262
Kaufkraftkennziffer	94,6
Zentralität	111

Mikrolage

Das Objekt befindet sich im Stadtzentrum und liegt direkt neben der Altstadt. Industrielle Gebäude sind hier nicht zu finden. Die Lage ist gut an den Nah- und Fernverkehr angeschlossen, zwei Bahnhaltestellen sind etwa 100 m entfernt, der nebenliegende Parkplatz ist an eine der Hauptverkehrsadern, die B 88, angeschlossen, der Hauptbahnhof ist etwa 1 km entfernt. Direkt gegenüber dem Objekt liegt das Universitätshauptgebäude der Stadt Jena. Im unmittelbaren Umkreis befinden sich ein Hotel, die Stadtverwaltung, Restaurants und in kurzer Zeit gelangt man zum Markt (ca. 0,5 km Entfernung). Das SB-Warenhaus hat somit eine zentrumsnahe Lage und ist perfekt an die diversen Verkehrsadern angeschlossen.

---

1 Das Objekt und die hier aufgeführten Daten sind fiktiv, entsprechen aber marktüblichen Bedingungen.

Objektbeschreibung

Bei dem Objekt handelt es sich um ein SB-Warenhaus, welches 1999 errichtet wurde. Das Gebäude ist nicht unterkellert und besteht aus einem Erdgeschoss und zwei Obergeschossen. Die Haupterschließung des Gebäudes erfolgt mittels einer automatischen Schiebtüre auf der Südwestecke des Gebäudes. Nach dem Haupteingang ist eine Mall angegliedert, in welcher kleinteilige Flächen an Konzessionäre untervermietet sind. In den Obergeschossen sind die Verwaltung und die Technikräume angeordnet. Die Anlieferung erfolgt auf der Ostseite. Um das Objekt sind Parkplätze angeordnet.

Flurkarte

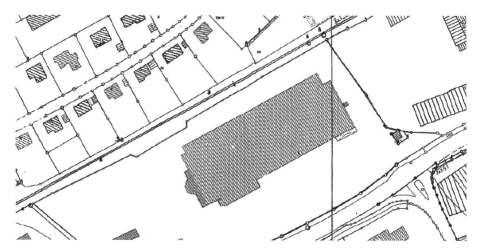

Die Tragkonstruktion des Gebäudes besteht aus einem Stahlbetonskelett mit Betonfertigteildecken oder aus Stahlbetonstützen und darauf aufliegenden Stahlträgern mit Trapezblech. Auf den Betonfertigteilplatten bzw. Trapezblech wurde ein Walmdachaufbau mit Folienabdichtung ausgeführt. Die Außenwände bestehen aus farblich beschichteten Stahlblechpaneelen. Das Objekt befindet sich in einem altersgemäß sehr guten Zustand. Gravierende Schäden sind nicht vorhanden. Die Nutzung des beschriebenen Objektes ist derzeit uneingeschränkt möglich.

Quelle: JenAcon

3.3.1.2.4 Standortbeschreibung (Beispiel)

Jena

„Das München des Ostens"

In der Universitätsstadt Jena leben zu Beginn des Jahres 2018 knapp 109.000 Einwohner, davon sind annähernd 23.000 Studentinnen und Studenten. 66,5 Prozent der Bevölkerung sind im erwerbsfähigen Alter, was über dem gesamtdeutschen Schnitt liegt. Bis 2030 soll die Einwohnerzahl auf 112.000 steigen. Jena stellt einen Großteil an Arbeitsplätzen für das Umland bereit und hat eine hohe Bedeutung als regionales Wirtschaftszentrum, was unter anderem anhand des hohen Pendlersaldos von + 14.600 deutlich wird. Die Stadt zeichnet sich durch eine überdurchschnittlich starke Quote an hochqualifizierten Arbeitskräften aus. Fast 30 Prozent aller sozialversicherungspflichtigen Beschäftigten haben einen Hochschul- oder Fachhochschulabschluss. Das entspricht im Städteranking von Wirtschaftswoche, Immoscout24 und IW Köln von 2016 Rang zwei der deutschen Großstädte. Im Vergleich mit 69 weiteren deutschen Großstädten schneidet Jena im Städteranking von 2017 im Bereich Niveauranking deutlich überdurchschnittlich gut ab. Hier liegt Jena bundesweit an 21. Stelle und in Ostdeutschland auf Rang eins. Das Städteranking des renommierten Wirtschaftsmagazins Capital (August 2011) bezeichnet die Stadt als den größten Aufsteiger. Diese positive Einschätzung beruht vor allem auf den vorteilhaften Entwicklungen in den Bereichen Wirtschaftskraft, Arbeitsplätze, Kaufkraft, Demografie sowie auf dem Immobilienmarkt. Nicht ohne Grund betitelte der ehemalige Supertramp-Sänger Roger Hodgson Jena auf der Kulturarena als „a well kept secret".

Jenas Wirtschaft ist geprägt von zukunftsträchtigen, forschungsintensiven Branchen. Dies spiegelt sich auch in der Bedeutung der Stadt als ein Forschungszentrum Deutschlands wider. Jena erreicht im Bereich Zukunftsindex im Städteranking von 2017 bundesweit Rang neun. Hier sind vor allem Unternehmen aus den Bereichen Optik, Medizin-, Mess- und Steuertechnik sowie Biotechnologie und Maschinenbau ansässig. Insbesondere der Sektor Optik ist mit so bekannten Unternehmen wie JENOPTIK, Carl Zeiss und Schott stark vertreten. Zusammen erwirtschafteten die 39 in Jena ansässigen Unternehmen, die in diesem Bereich tätig sind und mehr als 50 Mitarbeiter beschäftigen, im Jahr 2014 einen Umsatz von 1,41 Milliarden Euro. Dabei waren über 7.200 Mitarbeiter für sie tätig. Die Region wird auch gerne als

„Optical Valley" bezeichnet. Doch auch als Medizin- und Pharmastandort genießt Jena international ein hohes Ansehen. Die Stadt bildet mit ihren ausgeprägten Netzwerken und der großen Innovationskraft einen weit über regionale Grenzen hinaus bekannten und angesehenen Technologiecluster. In den letzten Jahrzehnten entstanden zahlreiche neue Unternehmen, zum Teil durch Ausgründungen von JENOPTIK oder Carl Zeiss, zum Teil als Start-ups. Dazu gehören börsennotierte Firmen wie die Analytik Jena AG, die CyBio AG und die Intershop Communications AG.

Der hohe Anlagedruck in den A- und B-Lagen der üblichen Top-Städte (Berlin, München, Hamburg etc.) führt im Bereich der Immobilieninvestitionen zunehmend zu sinkenden Renditen. Der Standort Jena hat sich demgegenüber als Hidden Champion etabliert und konnte sich innerhalb der letzten 20 Jahre zu einer der wirtschaftsstärksten Städte der Neuen Bundesländer entwickeln. Im Jahr 2014 befand sich die Stadt mit einem BIP von 59.154 Euro pro Erwerbstätigem, was einem Anstieg von 65,9 Prozent seit 2002 gleichkam. Im Vergleich stieg das gesamtdeutsche BIP in diesem Zeitraum lediglich um 36,7 Prozent an. Dieses Wachstum ist also bundesweit ein Spitzenwert und verdeutlicht die Dynamik der Stadt. Laut dem Comfort Städtereport für Jena aus dem Jahr 2015 bleibt die Jenaer Wirtschaft auf Wachstumskurs. Prognostiziert werden 11,9 Prozent Arbeitsplätze in den folgenden fünf Jahren sowie erheblicher zusätzlicher Gewerbeflächenbedarf. Die Arbeitslosenquote betrug im Dezember 2017 5,3 Prozent und lag damit deutlich unter dem Durchschnittswert Ostdeutschlands von 7 Prozent.

Die Mietpreise in Jena sind überdurchschnittlich hoch und der Leerstand ist mit 2 Prozent sehr gering. Die Mieten lagen im Dezember 2017 bei zwischen 8 und 10 Euro pro Quadratmeter. Die Kaufpreise liegen ebenfalls recht hoch, im Durchschnitt wird in Jena für eine Wohnung knapp über 2.400 Euro pro Quadratmeter gezahlt. Die Bodenrichtwerte schwanken zwischen 35 Euro pro Quadratmeter in den Randlagen und erreichen im Zentrum leicht 1.300 Euro pro Quadratmeter. Der Immobilienmarkt in Jena ist von steigenden Preisen und hoher Anlagesicherheit geprägt. Die wichtigsten Einflussfaktoren dafür sind die sehr gute wirtschaftliche Entwicklung seit 1990, die hohe Wettbewerbsfähigkeit der ansässigen Unternehmen, der stabile Bevölkerungszuzug sowie das begrenzte Flächenangebot durch die geografische Situation der Talkessel-Lage. Aufgrund dieser Lage gibt es nur wenige Flächen für Neubauprojekte, welche das Angebot wesentlich beeinflussen können. Höhere Renditen und eine niedrigere Leerstandsquote als in den deutschen A-Städten lassen vor allem Investitionen in Büroobjekte sinnvoll erscheinen. Auch der Gewerbeimmobilienmarkt ist von hohen Preisen gekennzeichnet. Die Stadt Jena verzeichnete 2013 den höchsten Durchschnittswert von Bodenpreisen gewerblicher Flächen in ganz Ostdeutschland (TLG, Immobilienmarkt Ostdeutschland 2013). Die Quadratmeterpreise liegen hier zwischen 60 und 160 Euro. Die Büromieten erreichten 2016 in der Spitze einen Quadratmeterpreis von 12,60 Euro.

Das Informationsmemorandum ist allein aufgrund seines Umfanges von 200-300 Seiten oder mehr das opus magnum, aber natürlich auch aufgrund seiner Bedeutung. Es dient in allen Verhandlungsrunden als Grundlage und erste Orientierung. Da es umfangreicher Vorbereitungen bedarf und zahllose „geheime" Informationen erhält, kann es nicht ohne Vertraulichkeitserklärung am Markt gestreut werden.

3.3.2   Die Marktansprache: NDA und Teaser

So interessant das sukzessive Auffüllen des Datenraumes und die Erstellung des IM in den ersten Projektmonaten auch sein mögen, sind dies letztlich lediglich interne Vorgänge. Noch spannender ist natürlich der Markt. Die folgenden Dokumente, die Mitte Januar erstmals an die ersten 50 Interessenten der ersten Welle verschickt werden, sind gleichsam die Visitenkarte des Projektes WESTPHALIA:
- Die Vertraulichkeitserklärung (auch „Confidentiality Agreement", kurz „CA", oder „Nondisclosure Agreement", kurz „NDA", genannt),
- der Mandatsbrief sowie
- die zweiseitige Zusammenfassung der wichtigsten Rahmendaten zu WESTPHALIA (engl. „Teaser", also „Aufmerksamkeitserreger").

Die „Vereinbarung zur Wahrung von Vertraulichkeit und Geheimhaltung" oder das „Nondisclosure Agreement" (NDA) dient dem Zweck, die Vertraulichkeit in Bezug auf die zum Teil sensiblen Daten wie Miethöhe und Laufzeit von Verträgen zu wahren. Daher ist es aus formaljuristischer Sicht sehr wichtig. Es benennt im Rubrum die beiden Parteien, führt aus, welche Daten und Fakten übermittelt werden und welcher Kreis auf Käuferseite Zugang haben soll, ergo der Investor, seine Rechts-, Technik-, Umwelt-, Strategie- und Immobilienberater, seine Makler und Steuerexperten, seine Eigenkapital- und Finanzierungspartner etc. pp. Es sind dies, rechnet man den Stab pro Gewerk dazu, pro Investor leicht mehrere Dutzend Personen, die sich nun mit WESTPHALIA befassen. Multipliziert mit der Anzahl der interessierten Parteien ergibt dies mindestens eine hohe dreistellige, mitunter eine vierstellige Zahl an Personen, die legitimiert ist, Daten zu erfahren. Dass es vor diesem Hintergrund in einer noch nicht völlig professionalisierten Branche wie der Immobilienwirtschaft nicht übermäßig lange dauert, bis der Markt von einem Projekt erfährt, verwundert daher kaum. Vielmehr wäre es naiv zu glauben, ab der Ansprache von mehr als zwei, drei Investoren könne man als Verkäufer auf Diskretion hoffen. NDA hin oder her, der Verkäufer wird kaum einer Institution oder Person einen schuldhaften Umgang mit den Daten nachweisen können. Und so ist es müßig zu sehen, dass die Rechtsabteilungen manch eines globalen Investors wochenlang ein NDA verhandeln. Auch sind der Nachweis schuldhafter Zuwiderhandlung und das Geltendmachen von Pönalen allenfalls ein frommer Wunsch der verkäuferseitig tätigen Juristen.

Doch ist das NDA zumindest Marktstandard, so wird ein wirksames Mittel, eine Transaktion zu bewerkstelligen, oftmals völlig unterschätzt: Der sogenannte Mandatsbrief. Hierin bestätigt der Verkäufer auf seinem Briefpapier, Makler/Berater X exklusiv mit dem Mandat WESTPHALIA beauftragt zu haben. Der Berater tut sich damit ungleich leichter, bei den Investoren vorgelassen zu werden, denn diese wissen nun, dass sie keine Zeit vergeuden und keinem Phantom hinterherlaufen. Die ausdrückliche Erwähnung der exklusiven Beauftragung nimmt den Investoren sofort die Furcht vor Maklerketten.

Am wichtigsten aber ist der Teaser, die Visitenkarte des Portfolios WESTPHALIA. Er entscheidet, ob der angesprochene Investor „Lust" auf das Projekt hat oder nicht. Im Normalfall wird ein Analyst auf Käuferseite den per Mail zugesandten Zweiseiter kurz anschauen und anhand der Rahmendaten (Anzahl der Objekte, Lage, Größe, Mieteinnahmen etc.) entscheiden, ob sein Haus das Projekt weiterverfolgen möchte oder nicht. Nun darf man sich über die Mannschaftsstärke von Private-Equity-Fonds keine Illusionen machen. Auch das Team eines namhaften Players, der hunderte von Millionen Euro zu investieren hat, passt bequem in einen Pkw. Umso wichtiger ist es, dass der verkäuferseitig mandatierte Berater aufgrund vorangegangener Transaktionen in diesem Segment einen „Markennamen" hat und seine Mail nicht im Spamfilter landet.

3.3.3 Logbuch, Waterfall Chart und Process Letter

Ein professioneller verkäuferseitiger Berater legt nun ein sogenanntes „Logbuch" an. Darin wird schriftlich festgehalten, wer wann in welcher Form mit welchen Dokumenten angeschrieben wurde, ob, wann und in welcher Form der Investor geantwortet hat und falls ja, welche Fragen er gestellt hat. Antwortet ein angesprochener Investor binnen einer angemessenen Frist von wenigen Tagen nicht, zum Beispiel weil die Mail übersehen wurde, so fassen die Berater per Telefon nach.

Nach ein, zwei Wochen zeichnet sich bereits ein erstes Bild ab:
- 50 Investoren wurden angesprochen,
- 11 haben nicht reagiert (hier: Nachfassen!),
- 39 haben reagiert, davon:
  - haben 13 kein Interesse,
  - prüfen 10 noch den Deal und
  - äußern 16 mögliche Investoren Interesse.

Abb. 49: Kopfzeile des WESTPHALIA-Logbuches (stark vereinfacht)

Nr.	Investor	Kontaktperson	Kontaktdaten	Kommentar	Teaser	NDA	LOI	Absage
1	123 Fonds	Herr Müller	· Adresse · E-Mail · Telefonnummer	Stark an Handel interessiert, erbitten mehr Informationen	X	X		
50	XYZ AG	Frau Meyer	· Adresse · E-Mail · Telefonnummer	Anfangs Interesse, nach Erhalt des Info-Memos Absage	X	X		X

Als Waterfall-Schaubild sieht es wie folgt aus:

Abb. 50: Waterfall Chart nach erster Marktansprache

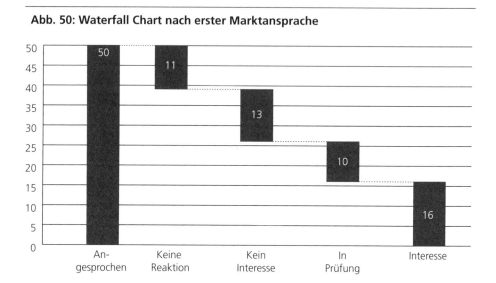

Wie ist dies zu bewerten? Auf den ersten Blick verwundert, dass fast ein Fünftel der so sorgsam ausgewählten Investoren keinerlei Interesse zeigt. Die Gründe können vielfältiger Natur sein. Eventuell steckt das Käuferteam gerade in zeitraubenden Endverhandlungen mit einem anderen Verkäufer. Oder die Ankaufkriterien haben sich geändert, man sucht nun Wohnungen und keinen Handel mehr. Waren für den einen SB-Warenhäuser gestern das Nonplusultra, sind es heute die Discounter oder Fachmarktzentren, oder umgekehrt. Gestern suchte man ausschließlich Core-Immobilien, nunmehr Value-add, oder umgekehrt. Es ist nicht ganz leicht, die Kriterien der Investoren nachzuvollziehen. In schöner Regelmäßigkeit ist das Portfolio „zu": zu groß, zu klein, zu kleinteilig, zu weit im Norden, zu weit im Süden, zu weit im Westen. Die Mieten sind, wie der Leerstand, stets zu hoch oder zu niedrig. Die Laufzeiten sind zu lang oder zu kurz. Die Immobilien sind immer entweder zu alt oder, auch das gibt es, zu neu. Lediglich der Instandhaltungsstau und der geforderte Preis sind durchgehend zu hoch, übrigens völlig unabhängig davon, ob der Verkäufer seine Preisvorstellungen („asking price") äußert oder nicht. Einem potenziellen Käufer von Traumhotels an der Ostseeküste war „der Sand zu sandig", er bevorzuge eher „kiesigen Sand". Ein Investor lehnte jüngst auf Nachfragen ein Portfolio – ohne zu erröten – mit dem Kommentar ab, es sei „zu irgendwas", er wisse aber nicht mehr, „zu was". Hauptsache „zu".

Nach weiteren Telefonaten und Rücksprachen mit dem Prinzipal, der aus seinem Umfeld/Bekanntenkreis sechs weitere Investoren beisteuert, zeichnet sich kurz darauf folgendes Bild ab: Fast alle der inzwischen angesprochenen 56 Investoren wurden erreicht. Von ihnen haben 17 kein Interesse, während 39 im Prozess bleiben möchten – ein annehmbares Ergebnis, das Hoffnung macht. Letztere erhalten nun nach Unterzeichnung des NDA eine genaue Portfolio-Übersicht mit den exakten Adressen, Mieten und Mietlaufzeiten der Objekte (die sogenannte „Rent Roll") sowie den sogenannten „Process Letter", in dem die nächsten Schritte bis zur Abgabe des indikativen Angebotes am 28. Februar detailliert skizziert werden.

Der Process Letter beinhaltet zunächst eine Auflistung aller bisher ausgetauschten Dokumente, also Teaser, Mandatsbrief, Vertraulichkeitserklärung und Portfolio-Übersicht. Dies sind beidseitig vereinbarte Verhandlungsstände bzw. Prozesse. Danach sagt man in der Regel, zu welchen Zeitpunkten dem Investor die ersten Entwürfe und dann die finalen Reports zur Legal Due Diligence sowie zur technischen und Umwelt-Due-Diligence zugehen werden sowie das Informationsmemorandum. Natürlich muss der Investor mit ausreichendem zeitlichem Abstand zur Angebotsabgabe alle notwendigen Basisinformationen für seine Preisfindung erhalten, und seien es Reports unter Vorbehalt. Auf dieser Grundlage fordert man den Investor dann zur Abgabe eines ersten indikativen, rechtlich nicht bindenden Angebots auf und nennt dazu gegebenenfalls ein fixes Datum („Deadline", hier: 28. Februar, 12 Uhr). Es folgt die genaue Empfängeradresse.

Das indikative Angebot sollte die Vorgaben aus dem Process Letter aufgreifen und demnach folgende Informationen enthalten:
- eine erste Indikation des Kaufpreises, sowohl für das gesamte Portfolio als auch für jedes einzelne Asset, in Euro,
- die Bestätigung, dass jede Seite die Kosten für ihre Berater selbst trägt und es demnach keine Kostenerstattung des Verkäufers für käuferseitige Berater gibt,
- die Bestätigung, dass der Investor (bei einem Asset Deal) die Grunderwerbsteuer und in jedem Fall die Notarkosten zu entrichten hat,
- eine kurze Darstellung der geplanten Finanzierung, also die geplante Höhe des Eigenkapitals (wenn möglich bereits mit Nachweis) und Höhe und Herkunft des Fremdkapitals (wenn möglich bereits mit dem Namen der Bank und einer ersten Interessensbekundung des Kreditinstituts),
- den vorgesehenen Zeitplan der Due Diligence bis zum Abschluss der Transaktion,
- die Entscheidungsfindungsvorbehalte auf Käuferseite (Gremien etc.),
- Name und Sitz der Erwerbergesellschaft,

- eine Liste aller notwendigen Dokumente und Informationen, die man zur Abgabe eines rechtlich verbindlichen Angebots benötigt,
- die Namen der Kontaktpersonen und deren Daten sowie
- eine Auflistung aller Berater.

Wichtig ist darüber hinaus der Hinweis, dass der Verkäufer zwar willens ist, das Portfolio WESTPHALIA zu veräußern, sich aber ohne Erstattung von Kosten für die Käuferseite das Recht vorbehält, den Verkaufsprozess ohne Angabe von Gründen zu stoppen.

In jüngster Zeit tendiert die Mehrzahl der Marktteilnehmer allerdings dazu, eher mit einer gewissen Lässigkeit auf Process Letters und Deadlines zu reagieren, auch auf die Gefahr hin, dann aus einem Prozess auszuscheiden.

4 Von den Angeboten bis zum Kaufvertrag

4.1 Die Vendor Due Diligence Reports

In der nun folgenden Projektphase geschehen zwei Dinge: Zum einen werden die sprichwörtlichen Berge von Papier erstellt, zum anderen geht es ums Geld. Beides ist in einem Portfolio-Deal der 200-Millionen-Liga auf das Engste miteinander verzahnt. Die weiter vorne kurz skizzierten Reports nehmen nun Gestalt an: die Vermesserteams haben die Objekte nach und nach abgefahren und liefern nun normgerecht und damit kapitalmarktfähig die exakten Quadratmeterdaten nach DIN bzw. gif (Gesellschaft für Immobilienwirtschaftliche Forschung), da im Kaufvertrag letztlich nur eine Differenz von ein bis zu zwei Prozent toleriert werden wird. Die Juristen legen den Legal Vendor Due Diligence Report im Entwurf vor und weisen zum Beispiel auf Spezifika im Erbrecht, auf eventuell ungültige oder nachzubessernde Mietverträge, auf Baulasten, Dienstbarkeiten und weitere Fallstricke hin. Der verkäuferseitig erstellte Technikreport-Entwurf („Draft") zeigt nachweisbare und perzipierte Schäden auf und schätzt die Kosten für deren Beseitigung, meist unterteilt in die Kategorien „sofort" (binnen eines Jahres), „mittelfristig" (zwei bis fünf Jahre) und „langfristig" (fünf bis zehn Jahre). Ähnlich gehen die Umweltexperten in ihrem Entwurf vor. Parallel dazu wird der Datenraum auf Vollständigkeit und Richtigkeit überprüft und das Informationsmemorandum finalisiert. Alles in allem liegen nun mehrere hundert Seiten Text und Schaubilder zur selben Zeit vor und zigtausend Seiten im Datenraum, ausgedruckt gut und gerne mehrere Dutzend oder hundert Leitzordner.

Nun gilt es, mit Ruhe und Erfahrung die Daten zu sichten und dabei einen stringenten Kommunikationsweg zu beherzigen: Zunächst erstellt jedes Gewerk seinen Draft Report und diskutiert die vorläufigen Ergebnisse mit dem darauf spezialisierten Mitglied des Berater-/Maklerteams. Dann fasst man die Ergebnisse zusammen und brieft den Chef des Beraterteams (und zwar so lange, bis dieser nachweislich alle „Knackpunkte" verstanden und verinnerlicht hat). Danach informiert dieser den Projektleiter der Verkäuferseite. Jedes Abweichen von diesem definierten Prozess schwächt die eigene Seite immens und stiftet Unruhe und Verwirrung. Für WESTPHALIA sehen die Ergebnisse wie folgt aus:

- Vermessung: Glücklicherweise wurden die aus dem Grundbuch übernommenen Daten (wie die Grundstücksflächen) sowie die Werte für die einzelnen Objekte bestätigt, bei nur sehr kleinen Abweichungen. Diese werden korrigiert und in alle Reports werden einheitlich die neuen Quadratmeterzahlen verbindlich eingepflegt. Ein Kaufpreisabschlag aufgrund von Flächendifferenzen ist nicht zu erwarten. Der Projektleiter gibt grünes Licht und gibt den Report ohne Einschränkungen frei für die Investorenseite.
- Recht: Die Mietverträge der SB-Warenhäuser weisen formale Mängel auf und könnten im schlimmsten Falle ungültig sein. Allerdings hat der Mieter in der Vergangenheit immer gezahlt („konkludentes Verhalten") und sich nicht daran gestoßen. Weiterhin gestaltet sich die Situation der Erbbau-Objekte aus juristischer Sicht sehr schwierig. Details sollen folgen. Drittens gebe es in den alten Verträgen überall kleinere „Baustellen", die aber binnen Monatsfrist allesamt behoben werden könnten. Erst nach mehrfacher Nachfrage zeigen sich die Juristen bereit, überhaupt eine erste grobe Zahl unter Vorbehalt zu nennen. Der Kaufpreisabschlag könne sich, sofern der Investor Kenntnis von den Sachverhalten habe, auf schätzungsweise fünf bis zehn Millionen Euro belaufen. Der Projektleiter lässt eine grobe Zusammenfassung erstellen und gibt diese unter Vorbehalt frei, aber ohne Zahlen. Er ahnt, dass es an dieser Front zu Problemen kommen wird. Er weist die Juristen an, die Erbbausituation exakter zu untersuchen, und bittet um eine klare Handlungsanweisung aus juristischer Sicht. Mit den Mietern, der Geschäftsführung der SB-Warenhäuser, wird er persönlich sprechen, zumal man seit Jahren ein gutes Verhältnis miteinander pflegt. Weiterhin bittet er darum, die kleineren Baustellen peu à peu abzuarbeiten. Den Legal Report setzt er in seinem Ampelsystem auf gelbes Licht.
- Umwelt: Auf diesem in seiner Bedeutung in den letzten Jahren immens gewachsenen Gebiet wird nunmehr unterschieden zwischen den Böden und den Gebäuden. Bei den Böden wird zwar großteils Entwarnung gegeben, da sich weder im

Altlastenkataster noch in anderen Quellen Hinweise auf Schadstoffe oder Bomben finden. Doch bei dem ein oder anderen Grundstück gibt es böse Überraschungen: Mal fehlen die Unterlagen, weil Berater oder Ämter nicht schnell arbeiteten, mal vermutet man Schadstoffe. Vor allem die ehemaligen Tankstellen vor den großen SB-Warenhäusern bedeuten Ärger, großen Ärger. Ebenso ein ehemaliges Industriegrundstück oder ein Grundstück, in dessen Nachbarschaft eine Reinigung lag, sowie diverse nachweislich schadstoffbelastete Böden. Bei den Gebäuden sieht es auf den ersten Blick nicht besser aus: Asbest und andere Schadstoffe, alte Kühlmittel und tausend Kleinigkeiten machen der Verkäuferseite das Leben schwer. Die Kosten und damit möglichen Abzugsposten variieren noch recht stark. In diesem Stadium ist der Draft Report noch undifferenziert. Insgesamt komme man auf Kosten von 20 bis 35 Millionen Euro für die Beseitigung aller Umweltschäden für Böden und Gebäude binnen der nächsten zehn Jahre, so die erste, noch nicht validierte und in aller Eile erstelle Schätzung der Experten. Der Projektleiter ist schockiert und setzt beide Reports auf „rot". Keine sofortige und unkommentierte Weitergabe an den Prinzipal, keine Weitergabe an die Investoren in dieser Form und mit diesen Zahlen.

- Technik: Der Experte auf diesem Gebiet legt den Beratern und dem Projektleiter binnen kürzester Zeit, Objekt für Objekt, alle aus seiner Sicht mangelhaften Sachstände vor, mehrere hundert insgesamt. Seine Teams, unterstützt von externen Subvertragspartnern, haben die Mängel nach eingehender Besichtigung und auf Basis von jahrzehntelanger Projekterfahrung sogar bereits beziffert. Es würden wohl mindestens 25 Millionen Euro Investitionen (capital expenditures, kurz „CapEx") fällig werden binnen zehn Jahren, wünschenswert wären aber eher 30 oder gar 40 Millionen Euro. Einschätzung: „Rot", mit der dringenden Aufforderung an den Chef der Berater, sich dieses Themas kurzfristig und intensiv anzunehmen.

Von der Stimmung her ist nun auf der Verkäuferseite einer der Tiefpunkte erreicht. Die im Eigentum gehaltenen Objekte, ebenso wie die Erbpacht-Objekte, scheinen weit problematischer zu sein als befürchtet. Hunderte von Technik- und Umweltproblemen, die zu zig Millionen Euro Kaufpreisabzug führen würden, können deprimieren. Derzeit würde der Deal kaum mehr Sinn machen, denn man berechnet den Kaufpreis analog zu Abbildung 3 wie folgt:

Abb. 51: Interne Schätzung des Kaufpreises in Mio. Euro II

	Best Case in Mio. Euro	Worst Case in Mio. Euro
Enterprise Value (= Jahresnettokaltmiete mal Faktor)	237	217
Minus Abzüge für Vermessung	0	0
Minus Abzüge für Recht	- 5	-10
Minus Abzüge für Umwelt	-20	-35
Minus Abzüge für Technik	- 25	- 40
= Equity Value (= Kaufpreiseingang bei Verkäufer)	**187**	**132**
Minus Projektkosten (pauschal)	-10	-10
= Geldeingang beim Verkäufer	177	122

Schon im „besten Fall" lägen demnach die Belastungen aus Vermessung, Recht, Umwelt und Technik addiert bei geschätzten 50 Millionen Euro, im schlimmsten Fall sogar noch 35 Millionen Euro höher. Der echte Kaufpreiseingang läge also selbst im „Best Case" nur bei 187 Millionen Euro, zudem vor Projektkosten (eigene Mannschaft, Berater, Anwälte, Vermesser, Techniker, Umwelt, Datenraum etc.), grob geschätzt inklusive der Opportunitätskosten zehn Millionen Euro. Da der Prinzipal, das Family Office, 200 Millionen Euro als Minimumpreis nunmehr im Sinne eines echten Kaufpreisverbleibes vorgegeben hat und der Käufer für gewöhnlich höhere Abzugsposten sieht als der Verkäufer, ist der Projekterfolg zu diesem Zeitpunkt in weite Ferne gerückt. Im Worst Case käme eine, gemessen an den Erwartungen, lächerlich geringe Summe heraus. Allerdings wäre es falsch, nun die Flinte ins Korn zu werfen oder gar zu versuchen, dem Käufer gegenüber Sachverhalte zu verschleiern. Vielmehr muss man drei Punkte realistisch angehen:

- die Berechnung des Enterprise Value: Ist der Faktor Zehn auf die Jahresnettokaltmiete bei diesem Portfolio noch zu steigern?
- die Berechnung der Abzugsposten aus der Due Diligence und
- die Berechnung der Projektkosten.

Es wäre ein nun Leichtes, durch das willkürliche Anheben des in diesem Projektstadium virtuellen Enterprise Value gleichsam alle Probleme vom Tisch zu wischen nach dem Motto: Dann setzen wir statt Faktor zehn eben Faktor zwölf an und alles ist gut. Auch erklärt sich der Prinzipal bereit, bei den Projektkosten die eigenen „Soda-Kosten" und die Opportunitätskosten außer Acht zu lassen und nur die „echten" Zahlungen an Externe anzusetzen. So kommt er eher auf fünf denn auf zehn Millionen Euro. Aber es hilft nichts: Die wahre Herausforderung liegt in der Analyse und Darstellung der Due-Diligence-Abzugsposten. Die Berater gehen diese nun Gewerk für Gewerk und Posten für Posten durch.

Nach einigen Tagen zeigt sich für gewöhnlich folgendes Bild: Alle Expertenteams auf Seiten der Vendor Due Diligence wollten aufklären, aber dabei primär auf Nummer sicher gehen. Sie haben daher ihrem Naturell entsprechend eher zu hoch als zu niedrig geschätzt, um sich später keinen Vorwürfen des Prinzipals ausgesetzt zu sehen. So geben die Juristen nach einigem Hin und Her zu, dass die Abzüge bei realistischer Betrachtung ebenso gut fünf wie zehn Millionen Euro betragen, aber doch eher Richtung fünf Millionen Euro gehen könnten. Das sei in diesem Stadium unmöglich exakter zu beziffern, man arbeite aber daran. Weiterhin steht man nicht selten vor dem Phänomen, dass Umweltexperten und Techniker nicht die Differenz bis zur Funktionsfähigkeit bewerten, sondern die Differenz fast bis zur besten aller Welten. Eine sachliche Betrachtungsweise lässt dann auch diese Horrorszenarien nach und nach auf Normalmaß schrumpfen. Schließlich und endlich hat der von Prinzipal, Projektleiter und Beratern gleichermaßen verursachte Zeitdruck sein Übriges beigetragen. In der Folge werden zahlreiche Missverständnisse ausgeräumt, Dopplungen gefunden, Zahlendreher bereinigt, Additionsfehler und andere handwerkliche Lapsus beseitigt, die zum Beispiel durch das Einschalten von Subunternehmern oder das parallele Arbeiten zu vieler Teams an der Tagesordnung entstanden sind. Aber es dauert eben seine Zeit, dies alles korrekt zu quantifizieren. Bis zur Vorlage neuer Daten beliefe sich der Kaufpreisabzug bei Legal noch auf mindestens fünf und höchstens zehn, bei der Umwelt auf 20 bis 35 Millionen Euro und bei der Technik auf 25 bis ebenfalls 30 oder 40 Millionen Euro – zu viel für WESTPHALIA.

Einziger Hoffnungsschimmer zu diesem Zeitpunkt ist eine Kostenanalyse, geclustert nach Zeiträumen, wonach sowohl bei der Umwelt als auch bei der Technik der Hauptteil der Kosten schätzungsweise erst in den Jahren sechs bis zehn nach Verkauf entstünde. In einer Fußnote in den Draft Reports heißt es dann, deren Wahrscheinlichkeit sei entweder kleiner oder größer als 50 Prozent.

Allerdings gibt es auch einen Lichtblick. Der Markt scheint die Einzigartigkeit von SB-Warenhäusern zu würdigen. Ein Blick auf jüngste vergleichbare Deals lässt einen etwas höheren Verkaufspreis gerechtfertigt erscheinen. Man beschließt, sowohl im

Best Case als auch im Worst Case den gleichen Verkaufspreis zu unterstellen und die Miete mit dem Faktor elf zu multiplizieren, um den Enterprise Value zu bestimmen, und rundet dann leicht auf.

Derzeit sieht die Situation wie folgt aus:

Abb. 52: Interne Schätzung des Kaufpreises in Mio. Euro III

	Best Case in Mio. Euro	Worst Case in Mio. Euro
Enterprise Value (= Jahresnettokaltmiete mal Faktor 11)	250	250
Minus Abzüge für Vermessung	0	0
Minus Abzüge für Recht	-5	-10
Minus Abzüge für Umwelt	-20	-35
Davon kurzfristig (1 Jahr)	-5	-5
Davon mittelfristig (2-5 Jahre)	-5	-10
Davon langfristig (6-10 Jahre)	-10	-20
Minus Abzüge für Technik	-25	-40
Davon kurzfristig (1 Jahr)	-5	-5
Davon mittelfristig (2-5 Jahre)	-5	-10
Davon langfristig (6-10 Jahre)	-15	-25
= Equity Value (= Kaufpreiseingang bei Verkäufer)	**200**	**165**
Minus Projektkosten (pauschal)	-5	-5
= Geldeingang beim Verkäufer	195	160

Auch wenn die Summe der Abzüge sich nicht ändert: vorbehaltlich der Überprüfung aller Daten und neuer Informationen schätzt man die Abzüge im Best Case für den überschaubaren Zeitraum der ersten fünf Jahre auf insgesamt „nur" 25 Millionen Euro (5 Recht, 10 Umwelt, 10 Technik), verglichen mit immerhin 85 Millionen Euro über zehn Jahre im Worst Case. Die Verkäuferseite einigt sich darauf, diese Werte im nächsten Schritt nochmals intensiv prüfen zu lassen. In den nächsten zwei

Wochen zeigt sich, dass Dopplungen, Additionsfehler durch falsch verknüpfte Excel-Spreadsheets und Missverständnisse, wie so oft im Computer- und Informationszeitalter, ihren Tribut gefordert haben. Gründlichkeit, handwerkliches Geschick und Primärtugenden wie Fleiß sowie die in der Berater- und Dealmakerwelt nicht gar so sehr ausgeprägte Geduld etwa beim Abwarten von Behördenantworten entzerren die Situation dann merklich. Einige Böden sind schadstofffrei, da die Tankstellen bereits vor langer Zeit fachgerecht entsorgt wurden, was eine Gefahr von mehreren Millionen Euro abwehrt. Weiterhin fallen vermeintliche Millionenschäden durch peinliche Rechenfehler weg und last but not least einigt man sich darauf, zwischen gesetzlich und technisch notwendigen Maßnahmen und „nice to have"-Maßnahmen zu differenzieren. Schlussendlich sieht das Bild wie folgt aus:

Abb. 53: Interne Schätzung des Kaufpreises in Mio. Euro IV

	Best Case in Mio. Euro	Worst Case in Mio. Euro
Enterprise Value (= Jahresnettokaltmiete mal Faktor 11)	250,0	250,0
Minus Abzüge für Vermessung	0,0	0,0
Minus Abzüge für Recht	- 1,5	-5,0
Minus Abzüge für Umwelt	- 4,5	-15,0
Davon kurzfristig (1 Jahr)	-1,5	-5,0
Davon mittelfristig (2-5 Jahre)	-3,0	-10,0
Minus Abzüge für Technik	- 9,0	-15,0
Davon kurzfristig (1 Jahr)	- 4,0	-5,0
Davon mittelfristig (2-5 Jahre)	-5,0	-10,0
= Equity Value (= Kaufpreiseingang bei Verkäufer)	**235,0**	**215,0**
Minus Projektkosten (pauschal)	-5,0	-5,0
= Geldeingang beim Verkäufer	230,0	210,0

Der Prinzipal entscheidet, den Investoren die rechtliche Einschätzung in verbaler Form, aber ohne Zahlen, zur Verfügung zu stellen sowie die Übersicht der gesetzlich und technisch notwendigen Maßnahmen aus den Umwelt- und Technikberichten für die nächsten fünf Jahre aus dem Best Case, also insgesamt bezifferte Abzüge in Höhe von 13,5 Millionen Euro. Die Zusammenfassungen dieser Reports finden sich dann im Anhang des Informationsmemorandums.

Auf dieser Datenbasis plus auf Basis der Besichtigungen sowie intensiver Gespräche mit dem Berater des Verkäufers kommt der Käufer, der den Markt für gewöhnlich sehr gut kennt und über ausreichende Erfahrung in ähnlichen Transaktionen verfügt, zu einer ersten Preisindikation. Diese beruht auf seiner Desktop Analysis, dem Abfahren der Objekte, den Einschätzungen der Bewerter („Valuators") und der Bank und auf zahllosen Telefonaten und Meetings mit dem Verkäuferteam.

4.2   LOIs und Exklusivität

Einer der spannendsten Tage des Projektes aus Verkäufersicht ist der Abgabetag der Letters of Intent. Bei WESTPHALIA wurden insgesamt 56 Investoren ausgewählt, freigegeben und angesprochen. Vier waren trotz mehrfachen Nachfassens per Mail und Telefon nicht zu erreichen. Insgesamt 45 angesprochene Investoren zeigten kein Interesse oder sagten nach Detailprüfung ab, die meisten direkt nach Erhalt des Teasers, einige aber auch erst nach Prüfung des Informationsmemorandums. Wählt man einen anderen Schnitt, so haben immerhin 20 Investoren ein NDA unterzeichnet und ein Drittel davon gab schlussendlich ein Angebot ab. Von den insgesamt 36 Nichtinteressierten wurden folgende Gründe genannt:
- Das Portfolio ist zu heterogen,
- die Portfoliogröße passt nicht,
- die Region stimmt nicht mit den Fondskriterien überein,
- die Laufzeiten sind zu kurz/zu lang,
- die Preiserwartungen der Verkäufer sind zu hoch,
- das Portfolio ist nicht (gut) zu finanzieren,
- keine Angabe von Gründen.

Abb. 54: Waterfall Chart am Ende der Marktansprache

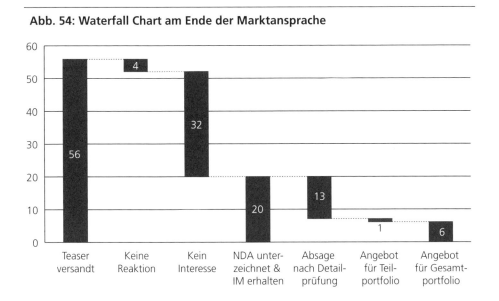

Insgesamt also ein erwartungsgemäßes bis positives Bild, zumal zwanzig Interessenten im Rennen waren, die das IM aufmerksam studiert haben. Zum vereinbarten Stichtag, dem 28. Februar um 12 Uhr, geben sieben Parteien ihr indikatives Angebot beim Berater ab, davon sechs für das Gesamtportfolio: eine mehr als zufriedenstellende Quote bei 56 angesprochenen Investoren.

Ein formaler Letter of Intent (LOI) ist in der Regel wie folgt aufgebaut: Zunächst stellt sich der Bieter bzw. das Bieterkonsortium einmal vor. Man verweist auf ähnliche oder am Markt bekannte und angesehene Transaktionen in den letzten zwei, drei Jahren, auf Eigenkapitalstärke und gute Verbindungen zu Banken, auf zahlreiche Assets under Management (AuM) und starke Partner. Sie beinhalten normalerweise auch den Verweis auf frühere Gespräche und ausgetauschte Dokumente sowie einige Formalia wie Vertraulichkeit und Genehmigungsvorbehalte. Darüber hinaus werden oft die Berater für die rechtliche Due Diligence, Technik und Umwelt sowie für die Bewertung und die Ansprechpartner im Hause benannt. Generell unterscheiden sich die eingehenden LOIs durch folgende Merkmale:
- die Form (PDF, E-Mail, gefolgt von Brief, nur kurze informelle E-Mail, Telefonat),
- die Höhe des Kaufpreises, vor und nach Abzugsposten,
- die Hinterlegung mit Eigenkapital- und Fremdkapitalnachweisen sowie
- die Nebenbedingungen.

Neigen der in großen Immobilientransaktionen unerfahrene Prinzipal und dessen Projektleiter gerne zu der Sicht: „Die Käufer sind alle gleich, es zählt nur der Preis", so kennt der Berater die Bietersegmente recht genau. Vor dem Hintergrund von sieben Geboten kann er sich die Empfehlung erlauben, den Bieter G, der nur auf die sprichwörtlichen Filetstücke des Portfolios geboten hat, mit Verweis auf den angestrebten Gesamtverkauf aus dem Rennen zu nehmen. Ebenso Bieter F, einen klassischen „Bottom-Fisher", den man, offen gesagt, nur in den Kreis der 56 ausgewählten Investoren aufgenommen hat, um den untersten denkbaren Preis am Markt auszuloten. Seine 150 Millionen Euro für das Portfolio sind einfach viel zu niedrig, dito die 165 Millionen des nächst niedrigen Bieters E. Bleiben:

- Bieter A: 269 Mio. Euro,
- Bieter B: 242 Mio. Euro,
- Bieter C: 212 Mio. Euro und
- Bieter D: 200 Mio. Euro.

Der Spread zwischen 150 und fast 270 Millionen Euro überrascht auf den ersten Blick durchaus, ebenso der Spread zwischen den vier Meistbietenden von immerhin noch ca. 70 Millionen Euro. Allerdings sind vor einer Bewertung des Preises erst einmal die Nebenbedingungen in den mitunter seitenlangen LOIs en detail zu analysieren. Entgegen den Vorgaben im Process Letter sind beispielsweise bei Bieter A die Abzüge für Umwelt und Technik und Legal noch nicht vorgenommen: Sein nominell so hoher Kaufpreis schrumpft nach mehrfacher Rücksprache und der Aufklärung von zahllosen „Missverständnissen" auf echte 244 Millionen Euro nach Berücksichtigung der Vendor Due Diligence Reports. Bieter B spricht von einer gewissen finanziellen „Reserve" beim Angebot von 242 Millionen Euro, solle man Exklusivität erhalten. Bieter C hat seinen Kaufpreis in Höhe von 212 Millionen Euro als einziger korrekt entlang der Vorgaben des Process Letters abgegeben. Bieter D (200 Millionen Euro) sieht noch Potenzial im zweistelligen Millionen-Euro-Bereich, sollte anstelle des Asset Deals ein Share Deal gelingen und man die Grunderwerbsteuer und anderes sparen werde. Hinzu kommen Forderungen nach „Triple Net"-Mietverträgen (das bedeutet, dass die Kosten für Dach und Fach ebenfalls vom Mieter getragen werden) und eine gewisse Sprachakrobatik. Mal „beabsichtigt" man, etwas zu tun, mal „hat man folgendes Verständnis" von einer Situation, mal „geht man von etwas aus" etc. Wenig davon ist justiziabel. Das korrigierte Bild sieht dann nach wenigen Tagen und einigen klärenden Gesprächen wie folgt aus:

- Bieter A: 244 Mio. Euro, falls die Mietverträge verlängert werden,
- Bieter B: 242 Mio. Euro, plus „Reserve", aber vorbehaltlich insbesondere der Legal Due Diligence,

- Bieter C: 212 Mio. Euro, kann vollständig mit Eigenkapital zahlen, hat aber Schwierigkeiten, einen Share Deal durchzuführen und
- Bieter D: 200 Mio. Euro, plus enormes Potenzial (bis zu 20 Mio. Euro).

Gestaltet man die Angebote vergleichbar, rückt das Feld sichtbar zusammen: aus der Differenz von über 120 bzw. 70 Millionen Euro zwischen dem besten und dem „schlechtesten" verbliebenen Bieter sind eher 30 Millionen Euro geworden. Außerdem haben die beiden Höchstplatzierten trotz der nachdrücklichen Bitte des Verkäufers signifikante Vorbehalte eingebaut: So geht Bieter A von einer Verlängerung der Mietverträge auf einheitlich 15 Jahre aus, nicht von der tatsächlich verbleibenden Restmietlaufzeit von gewichteten neun Jahren. Und Bieter B betont die juristischen Probleme sehr stark. Bieter C verweist auf seine Fondsstatuten, die nur Asset Deals erlauben. Ungewöhnlich, dass Bieter D über Nacht seinen Preis um zwanzig Millionen Euro erhöhen könnte, weit mehr als das Doppelte der bei einem Share Deal einzusparenden Grunderwerbsteuer. Es hilft nichts. So gut die Vorgespräche des Beraters mit den vier Bietern auch waren: An einem Kennenlernen mit dem Projektleiter des Prinzipals führt bei diesen Summen und Differenzen kein Weg mehr vorbei. Und so wird ein Workshop mit den vier Investoren organisiert. Detaillierte Profile der Bieter gehen zuvor an den Projektleiter. Ergebnis des Workshops:

- Bieter A reduziert aufgrund der tatsächlichen Restmietlaufzeit sein Angebot um mehr als 50 Millionen Euro auf gerade einmal 190 Millionen Euro. Es herrscht nahezu Entsetzen beim Verkäufer.
- Bieter B bleibt bei ca. 242 Millionen Euro, falls die aus seiner Due Diligence resultierenden Probleme nicht größer seien als die im Informationsmemorandum angegebenen, was der Verkäufer mit großem Wohlwollen entgegennimmt.
- Bieter C erhöht moderat auf 220 Millionen Euro, legt einen Eigenkapitalnachweis über die komplette Summe vor und akzeptiert die Ergebnisse der Vendor Due Diligence im Großen und Ganzen bereits jetzt und bittet um einen Entwurf des Kaufvertrages, was ebenfalls auf Zustimmung des Verkäufers trifft.
- Bieter D bleibt bei den gebotenen 200 Millionen Euro und seinen Forderungen. Auf den Hinweis, er sei damit der am niedrigsten Bietende, entgegnet er, das könne er nicht überprüfen. Auch verweist er auf frühere Probleme bei einem kleinen Grundstücksdeal mit dem Verkäufer.

Was tun? In dieser Phase liegt es nahe, nicht mit vier Parteien parallel zu verhandeln, zumal Bieter D sich fast selbst aus dem Rennen genommen hat. Auch Bieter A hat sich mit seinem Auftreten sehr geschadet. Wie konnte er auf ein Produkt bieten, das so gar nicht angeboten war? In allen Dokumenten und Gesprächen war von neun Jahren Restmietlaufzeit die Rede, niemals von 15 über alle Objekte. Das Logbuch belegt dies eindeutig. Bleiben Bieter B und Bieter C. Bieter B lockt mit einem 22 Millionen Euro höheren Kaufpreis, Bieter C verspricht sehr hohe Transaktionssicherheit und einen Abschluss des Deals in wenigen Wochen. Zu erwarten wäre, dass ein Berater, dessen Fees ja an die Höhe des Kaufpreises gekoppelt sind, den Kandidaten mit dem höheren Kaufpreis favorisiert und der konservative Projektleiter den sicheren Bieter C. (In der Realität ist dies übrigens nicht immer so.) Bei WESTPHALIA entscheidet sich der Prinzipal jedoch für den vermeintlich höheren Kaufpreis, also für Bieter B als Favoriten. Mit ihm werden nun Verhandlungen über eine zu gewährende Exklusivität aufgenommen. Er möchte jedoch Bieter C in der Hinterhand behalten.

Nun wird es langsam ernst. Nach wie gewöhnlich tagelangen und schwierigen Verhandlungen einigen sich der Verkäufer und Bieter B auf eine „Vereinbarung von Abschlussexklusivität für einen gemischten Share-/Asset-Deal", die wie folgt aussieht: Das Rubrum beinhaltet die genaue Bezeichnung von Verkäufergesellschaften und möglichen Käufern. Im ersten Absatz müssen die geplante Transaktion auf Grundlage des Informationsmemorandums und die Art der Exklusivität nochmals umrissen werden. Man unterscheidet zwischen Verhandlungs- und Abschlussexklusivität. Verhandlungsexklusivität meint, dass der Verkäufer ausschließlich mit diesem Bieter in Verhandlungen treten und weitere Daten und Meinungen austauschen darf. Abschlussexklusivität besagt, dass der Verkäufer und dessen Berater mit einem oder mehreren anderen Bietern parallel Gespräche führen dürfen, die mitunter weiteren Einschränkungen unterliegen, aber bis zu einem klar definierten Datum nur mit dem Unterzeichner der Exklusivitätsvereinbarung einen Kaufvertragsabschluss herbeiführen dürfen. Im zweiten Absatz sollte man das indikative Angebot nochmals zusammenfassend aufgreifen und auf die bisher ausgetauschten Dokumente verweisen sowie auf alle wichtigen Treffen und Abmachungen und auf alle gewährten Zugeständnisse. Der dritte Paragraph sollte die gemeinsam verabschiedete Zeitplanung beinhalten, wobei auf eine gewisse Flexibilität zu achten ist. Der vierte Absatz müsste dann auf die Finanzierungsbestätigung des potenziellen Käufers eingehen. Es folgen Laufzeit und Kündigungsoptionen der Vereinbarung. Am kritischsten ist zumeist der Punkt Kostenerstattung („Cost Coverage"). Denn sind bisher beim Bieter – ungeachtet der vielen selbst geleisteten Arbeitsstunden – vergleichsweise wenige externe und somit „harte" Kosten aufgelaufen, so werden sich diese in den nächsten Wochen auf mehrere hunderttausend Euro für externe Dritte addieren. Marktüblich ist, dass der Verkäufer allenfalls externe und nachgewiesene Kosten erstattet und diese auch deckelt, zum Beispiel auf 50 Prozent, maximal aber 500.000 € und diesen

Betrag auch an inhaltliche Bedingungen knüpft. Die wichtigsten sind, dass der Käufer bei seinem Preis geblieben wäre, das Portfolio WESTPHALIA jedoch nicht kaufen konnte, zum Beispiel, weil der Verkäufer die Exklusivität brach und an einen anderen Bieter verkaufte. Hier ist der Kostenersatz ergo eine Pönale.

Die Unterzeichnung der Exklusivität bzw. Heads of Terms ist ein Meilenstein des Projektes. Nun, nach ca. fünf oder sechs Monaten Arbeit, kann der Projektleiter des Verkäufers seinem Prinzipal endlich einen Namen und eine voraussichtliche Preisspanne melden. Parallel können die Arbeiten am Datenraum weitestgehend abgeschlossen werden und die Legal, Technik- und Umweltreports liegen nach mehrfacher Durchsicht und Überarbeitung in der freigegebenen Endversion vor. Andererseits versetzt die Exklusivität in Verbindung mit der Cost Coverage nun den potenziellen Käufer in die Lage, signifikante Kosten für seine Due Diligence auslösen und mit ernsthaften Bankengesprächen hinsichtlich einer Fremdfinanzierung zu beginnen. Waren in den letzten Monaten und insbesondere Wochen vor allem der Projektleiter und die Berater sowie Experten auf der Verkäuferseite bis an ihre physischen Grenzen belastet, so liegt der Ball nun im Feld der Käufer. Es folgen intensive Wochen der Verhandlungen.

5 Kaufvertragsverhandlungen und Kaufvertrag

5.1 Die Verhandlungen

Wer noch niemals einen Vertrag im dreistelligen Millionen-Euro-Bereich verhandelt hat, vermag sich kaum eine realistische Vorstellung davon zu machen. Mit den in manchen Medien verbreiteten Clichés, dass Richard-Gere-gleiche Lichtgestalten ein, zwei geniale Ideen in den Raum werfen und so einen Deal völlig mühelos und en passant machen, haben sie jedenfalls herzlich wenig gemein. Vielmehr leben wir in einem Zeitalter der Papierschlachten und der Absicherung durch Gutachten.

Für WESTPHALIA bedeutet dies:
- Nach Erhalt der ersten Unterlagen (NDA, Teaser) hat der Käufer grob geprüft, ob das Portfolio in sein „Beuteschema" passt, und dies bejaht. Basis waren die Unternehmensphilosophie, die daraus abgeleiteten Fondskriterien und einige noch recht grobe Analysen und Einschätzungen.
- Nach Eingang des Informationsmemorandums schaltet der Käufer quasi in den zweiten Gang. Er erstellt detaillierte Desktop-Analysen, fährt die werttreibenden Objekte wie Ulm, Bergkamen, Rheine etc. ab und bespricht WESTPHALIA mit seinen Beratern, jedoch ohne allzu hohe Kosten auszulösen. Parallel indes trifft er intensive Vorbereitungen für den Fall, dass er Exklusivität erhalten wird.
- Unmittelbar nach Unterzeichnung der Exklusivitätsvereinbarung gibt der Bieter sein Go und lässt mehrere Berichte anfertigen, gleichsam Gegengutachten zu den Vendor Due Diligence Reports.

Diese Gutachten zu den Bereichen Technik, Umwelt, Recht, Steuer, Bewertung und Finanzierung sind die Basis für seine Verhandlungsposition. Er wird als Profi vorwiegend auf seine aus anderen Transaktionen bekannten Firmen bzw. Teams zurückgreifen, denn unter Zeitdruck kann die Kooperation mit völlig neuen Partnern nervenaufreibend werden. Andererseits muss er natürlich beachten, dass die Experten, die der Käufer bereits engagiert hat, für ihn nunmehr tabu sind („Conflict of Interest"). Angesichts bisweilen überraschend knapper Ressourcen am Markt bei Vermessern oder Technikern bzw. immobilienerfahrenen Anwälten zahlt es sich jetzt aus, die Kapazitäten auf Vorrat blockiert zu haben. Und so erhält der Bieter binnen zwei, drei Wochen seine „Red Flag Items", also jene Themen, die den Deal gefährden können. Das können ein in den 1970er Jahren gebasteltes Erbpachtrecht sein, fehlerhafte Mietverträge oder unklare Besitzverhältnisse im Bereich Recht. Oder die Schadstoffe im Boden bei der Umwelt. Oder die mögliche Kontamination durch die Tankstellen. Oder schadhafte Flächen bei einem zigtausend Quadratmeter großen Dach eines Logistikzentrums. Oder die Erkenntnis, dass eines der beiden Logistikzentren auf einer Höhle steht. Schlagworte wie Nachvermietung, Denkmalschutz, Sanierungsgebiet, Erhöhung der Grunderwerbsteuer, Brandschutz und Erbpacht etc. pp. lassen für ihn den Deal nunmehr weniger lukrativ erscheinen und liefern die Munition für die folgenden Debatten um den endgültigen Kaufpreis.

Wochenlang ringen nun die Vertreter beider Parteien um Kaufpreisabzüge und Haftungsfragen. Viele Punkte können sachlich geklärt werden, aber die Fülle der kritischen Themen und der zunehmende Zeitdruck führen in dieser Phase auch regelmäßig zu mitunter heftigen und deftigen Konfrontationen. Leichter wird es nicht dadurch, dass der Prinzipal auf Verkäuferseite, angestachelt durch hohe nominelle Preisvorstellungen der LOIs (die Probleme elegant ausklammernd), nun gerne mit dem Preis nach oben gehen würde, während der Bieter – zig Probleme des Portfolios aufzeigend – den Preis senken möchte und beide Seiten mit Abbruch der Verhandlungen drohen. Kaffee und Testosteron bestimmen nun das Bild, manchmal über Wochen hinweg. Hat eine Partei gleich mehrere solcher Verhandlungen parallel, liegen aufgrund des Schlafentzuges und der Belastung die Nerven bisweilen blank. Nicht nur einmal wirft das Family Office in dieser Projektphase die Frage auf, ob der Ansatz der Portfoliotransaktion richtig war oder ob der Verkauf kleinerer Pakete oder gar einzelner Assets nicht zielführender gewesen wäre. Rückblickend, beim Closing Dinner, wundert man sich nicht selten über das eigene Verhalten und mokiert sich ausführlich darüber, nur um es im nächsten Deal wieder genauso zu machen. Man muss für diesen Beruf geboren sein.

Selbstverständlich wird am härtesten um den Kaufpreis gerungen, im Vorfeld des Notartermins nunmehr zum dritten Mal. Für gewöhnlich hat der Investor in seinem Letter of Intent respektive seinem indikativen Angebot einen recht hohen Kaufpreis genannt und wurde nicht zuletzt deshalb ausgewählt. Hier waren es bereinigt 242 Millionen Euro (Equity Price). In den Folgewochen hat er nun mehr oder minder erfolgreich, sich hinter seinen Reports verschanzend, den Kaufpreis gesenkt. In der Exklusivitätsvereinbarung, den Heads of Terms, machte er Abzugsposten bei Recht, Technik und Umwelt geltend, die über die bereits berücksichtigten 15 Millionen Euro hinausgingen, und kam so zu einem Equity Price von 239 Millionen Euro. Von der zuvor erwähnten „Reserve" beim Preis möchte der Käufer nun natürlich nichts mehr wissen. Ebenso wenig erkennt er nun an, dass sein Preis die Abzüge bereits vollständig berücksichtigt hatte. In der Zwischenzeit gelang es ihm, auf die Wertgutachter und die finanzierenden Banken verweisend sowie die zwischenzeitlich gestiegenen Finanzierungskosten anführend, den Kaufpreis auf 234,75 Millionen Euro zu senken. Für Außenstehende kaum nachvollziehbar, hatten sich Verkäufer und Käufer binnen Wochenfrist auf ca. 235 Millionen Euro geeinigt, dann aber wochenlang in übelster Manier gestritten, um sich dann – nach weiteren Abbruchdrohungen von beiden Seiten – auf 234,75 Millionen zu einigen.

Entscheidend ist, die Kaufpreisverhandlungen zu versachlichen und sie, wie den gesamten Prozess, zu strukturieren. Ausführliche moderierte Workshops zu den einzelnen Themen (Miete, Recht, Umwelt, Technik, Wert) helfen, die Sicht des anderen zu verstehen. Umweltexperten sprechen mit Umweltexperten, Juristen mit Juristen und Bewerter mit Bewertern, aber die Verhandlungsführer müssen die Fäden in der Hand behalten. Zu diesem Zeitpunkt zahlt es sich ganz besonders aus, ein breit aufgestelltes Verkäuferteam engagiert zu haben und Experten für jedes Feld auf seiner Seite zu wissen, denn schlechte Vorbereitung oder die notorischen „Sünden der Vergangenheit" kosten nun in kürzester Zeit Millionen Euro. Hat man in den vergangenen Jahren Wert auf sein Asset und Facility Management gelegt, die Miete zu 100 Prozent bezogen, ein gutes Verhältnis zu den Mietern gepflegt und die Gebäude in Schuss gehalten, so kann man manch einen Vorstoß der Käuferseite Richtung Kaufpreisreduktion sehr viel leichter abwehren. Gerade an dieser Stelle des Prozesses bringt es aber wenig, immer nur Recht zu haben. Man muss auch sein Gegenüber respektieren. In der Regel enden die Verhandlungen nach einigen Wochen mit runden Summen.

Ironischerweise entspannt sich die Situation dann ebenso schnell, wie sie sich vorher aufgeladen hat. Nach Wochen giftiger Kommentare und mehr oder minder fairer Dispute kehrt wieder ein vernünftiger Umgangston ein, die Sache tritt wieder in den Vordergrund und man arbeitet, jeder auf seinen Teilerfolgen verharrend, die offenen Punkte nach und nach ab. Geht man anfangs beispielsweise jeden der zu beanstandenden 713 Technikpunkte durch, werden irgendwann einmal die zehn größten Themen en Detail besprochen und für die verbleibenden Punkte wird eine Abschlagszahlung definiert. Abzugsposten für Umweltfragen werden nach und nach ebenso geklärt wie eine Fülle juristischer Themen.

Ein rationaler Käufer wählt nun folgende Strategie: Zunächst entscheidet er intern, ob eines der „Red Flag Items" ein wirklicher Dealbreaker ist. Beispiel: Besteht der Verkäufer auf einen Share Deal, die Fondskriterien des Käufers lassen jedoch definitiv nur einen Asset Deal zu, sind die Verhandlungen vorüber. In der Praxis gilt aber, dass fast alle Probleme lösbar sind, sei es über den Weg der Kaufpreisreduktion, sei es über den Weg kluger juristischer Formulierungen. Selbstverständlich ist der Käufer nun in einer relativ starken Verhandlungsposition: Er hat Exklusivität erhalten, was auf die anderen Bieter im Prozess ernüchternd gewirkt hat, und er biegt nun gleichsam auf die Zielgerade ein. Sein Hauptinteresse ist es zu diesem Zeitpunkt, unter Eingehen eines berechenbaren Risikos in puncto Dealabbruch den Kaufpreis zu senken, um seine Rendite zu erhöhen. Er wählt daher die Taktik, den Verkäufer mürbe zu machen, und überschüttet ihn in der ersten Welle mit Allgemeinplätzen: Die Vermessung sei von einem Bekannten des Family Office ABC durchgeführt worden und gegebenenfalls nicht „bankable". Zudem sei das Portfolio WESTPHALIA keineswegs geografisch so homogen wie vorgespiegelt, da wichtige Objekte in Ulm, Jena und Hamburg liegen. Weiterhin bestehe das Portfolio aus zehn verschiedenen Formaten, was zu einem schier unglaublichen Arbeitsaufwand auf Käufer- und Bankenseite geführt habe. Die fünf Handelsformate (SB-Warenhäuser, FMZ, Cash & Carry-Märkte, Supermärkte, Discounter) sowie fünf weitere Formate (Büro, Logistikzentren, Parkhaus, Kino und unbebautes Grundstück) haben eine enorme Komplexität verursacht, weit höher als ursprünglich angenommen. Auch moniere man zu geringe Zentralität und Kaufkraft und einen Tippfehler in der Tabelle zu den Bodenrichtwerten. Die Berater des Verkäufers lehnen diese Vorwürfe mit der Argumentation ab, diese Sachverhalte seien seit Versand des Teasers bekannt, ergo seit Monaten. Dafür könne man kurz vor dem Notartermin nicht ernsthaft eine Reduktion des Kaufpreises fordern. Zudem sei der Vermesser „bankable", andere große Transaktionen haben dies bewiesen.

Nach dem Austausch der Allgemeinplätze folgt in aller Regel der Streit der Spezialisten, Dienstleister für Dienstleister. So stellen die Juristen der Käuferseite nun die

Gültigkeit der Erbpachtverträge in Frage, monieren ein Überbaurecht auf einem Grundstück Dritter, die Form der Mietverträge, ein fehlendes Original, einen falsch gehefteten Vertrag etc. Sie unterstellen bisweilen die Ungültigkeit der Mietverträge und zeichnen ein düsteres Szenario. Ähnlich sieht es bei Technik und Umwelt aus: Laut den Gutachtern der Käuferseite werden in naher Zukunft alle Dächer marode und eigentlich sei es nur eine Frage der Zeit, ob das verbaute Asbest, die alten Kühlmittel, die ehemaligen Tankstellen, die benachbarte Reinigung oder die Fülle aller Mängel alle WESTPHALIA-Objekte zum Einsturz bringen werden. Die Verkäuferseite habe ganz offensichtlich im Informationsmemorandum und Datenraum nur den Best Case dargestellt. Zumindest aber müsse man den Kaufpreis signifikant reduzieren. Die Bewerter schließlich, nicht selten gestützt auf jene Maklerfirmen, die beim Pitch beim Family Office ABC verkäuferseitig nicht zum Zuge kamen, sehen den Kaufpreis quasi im freien Fall. Allein die Optionen der Mietverträge vernichten ihrer Meinung nach Werte in Millionenhöhe und der – seit Projektbeginn bekannte – Leerstand von fünf Prozent ebenso. Schließlich krönen die Steuerberater der Käuferseite das Traktat mit der Aussage, man strebe eigentlich dort Share Deals an, wo Asset Deals geplant sind, und umgekehrt.

Der Verhandlungsführer der Käuferseite führt, zumeist in strukturierter Form, alle Kernargumente zusammen, wissend, dass Vieles altbekannt und Vieles unhaltbar ist und er sich hart am Rande der Unglaubwürdigkeit, ja der Lächerlichkeit bewegt. Seine Hauptfähigkeit ist es nun, bei allen Verhandlungsrunden ein ernstes Gesicht zu machen. Würde man alle Punkte auch nur ansatzweise für bare Münze nehmen, so würden Portfoliodeals keinen Sinn machen. Aber selbstverständlich verfolgen beide Seiten die althergebrachte Strategie des Traktierens. Zunächst alles fordern und nichts geben, dann langsam aufeinander zubewegen. Außerdem haben alle Berater, die auf Stundenbasis und nicht auf Basis eines Transaktionserfolges vergütet werden, ein genuines Interesse daran, Probleme aufzuwerfen und sie dann langatmig zu beschreiben und nur peu à peu zu lösen. Daher müssen nun das Family Office und die Eigenkapital- und Fremdkapitalgeber ein Machtwort sprechen und alle Beteiligten zur Ordnung rufen. Die Erfahrung aus vielen vergangenen Transaktionen und das Einschalten von Profis tragen nun allmählich Früchte.

Die bekannte Tabelle sieht nun endgültig wie folgt aus:

Abb. 55: Interne Schätzung des Kaufpreises in Mio. Euro V

Enterprise Value (retrograd aus dem LOI berechnet):	**257,00 Mio. Euro**
Minus Abzüge für Vermessung	0,00 Mio. Euro
Minus Abzüge für Recht	1,50 Mio. Euro
Minus Abzüge für Umwelt	4,50 Mio. Euro
Minus Abzüge für Technik	9,00 Mio. Euro
Equity Value laut LOI	**242,00 Mio. Euro**
Weitere Abzüge Recht/Umwelt/Technik bis zu den HoTs	3,00 Mio. Euro
Equity Value in der Exklusivitätsphase	**239,00 Mio. Euro**
Weitere Abzüge während der Kaufvertragsverhandlungen	4,25 Mio. Euro
Equity Value im Kaufvertrag (SPA)	**234,75 Mio. Euro**
Projektkosten	4,75 Mio. Euro
Netto-Erlös aus WESTPHALIA für das Family Office	**230,00 Mio. Euro**

Mit dem vereinbarten Kaufpreis können beide Seiten gut leben: Die Verkäuferseite erzielt 35 Millionen Euro mehr als befürchtet und immerhin 15 Millionen mehr als erhofft. Der Käuferseite ist es gelungen, von den 242 Millionen Euro im LOI (bei Berücksichtigung der Abzugspunkte) nochmals sieben Millionen Euro nach unten zu gehen. Bemerkenswert ist, dass nach neun Monaten harter Projektarbeit der Kaufpreis von 234,75 Millionen Euro nun recht nahe an der Summe von kumulierter Restmiete plus Grundstückswerten liegt, eine oft unterschätzte Faustformel (213 Millionen Euro + 37 Millionen Euro = 250 Millionen Euro). Diese Summe liegt auch genau zwischen Equity Value und Enterprise Value aus dem LOI (242 Millionen Euro und 257 Millionen Euro). Damit ist die Verkäuferseite nicht nur Meilen vom zwischenzeitlichen virtuellen Tiefststand entfernt, sondern man hat auch die durchaus anspruchsvolle Zielvorgabe des Family Offices erfüllt, fast „übererfüllt". Nun gilt es „nur" noch, den ausgehandelten Vertrag auch notariell zu beurkunden.

Druckt man dann zum ersten Mal den Entwurf des notariellen Kaufvertrages aus und sieht das vertraute Cover mit dem Namen des Notars und einer noch leeren Zeile „Urkundennummer", dann weiß man, der Erfolg ist in greifbare Nähe gerückt. Über Wochen werden nun Entwürfe ausgetauscht und auch neue Forderungen gestellt, wird hart um Garantien gerungen und werden Szenarien erstellt für alle denkbaren Fälle. Aber die Teams arbeiten nun wieder an einem gemeinsamen Ziel: an der Unterschrift unter den Kaufvertrag. Parallel müssen selbstverständlich mehrere Formalia erledigt („Know your customer", KYC) bzw. vorbereitet werden (Anmeldung beim Kartellamt/Kartellfreigabe). Und mit der Vorlage immer härter werdender Finanzierungsbestätigungen durch die Käuferseite steigen auch Transaktionswahrscheinlichkeit und -sicherheit für beide Seiten.

5.2   Der Notartermin

Ohne jeden Zweifel stellt der Notartermin nach Monaten der Vorbereitung und der harten Verhandlungen einen Höhepunkt im Projektverlauf dar. Wird die Exklusivitätsvereinbarung oftmals mit der Verlobung verglichen, so wäre der Notartermin demnach die Hochzeit (allerdings oft eher die standesamtliche als die kirchliche).

Unterschätzt werden dabei oftmals Vor- und Nachbereitung des Termins. So hat die Bezugsurkunde mitunter das zehn- oder zwanzigfache Volumen des Hauptvertrages und es müssen demnach bei einem Portfoliodeal tausende von Seiten gesichtet und beurkundet werden, von denen durchaus im Vorfeld ein Dutzend Varianten gemailt wurden. Dies nimmt mindestens eine Arbeitswoche in Anspruch. Vor diesem Hintergrund kann man bei Portfoliotransaktionen keinen Ad-hoc-Termin ansetzen oder ein kleines Notariat auswählen. Auch Hektik ist hier völlig unangebracht.

Idealtypisch kann man folgende Arten von Notarterminen unterscheiden: den reinen Lesetermin, den Verhandlungstermin und jede denkbare Mischform. Der Lesetermin ist recht unspektakulär. Es erscheinen neben dem Notar die Vertretungsberechtigten der Verkäufer- und Käuferseite. Man hat sich bestenfalls bereits im Vorfeld über das Procedere verständigt. Inhaltlich und sprachlich wurden auch der Hauptvertrag sowie die wichtigsten Anhänge bereits vorab verbindlich besprochen und es gibt allenfalls kleinere Formalia zu beachten oder offensichtliche Fehler zu korrigieren.

Sehr viel dramatischer können Verhandlungstermine verlaufen. Da nach deutschem Recht in Immobilienangelegenheiten nur das notariell beglaubigte Dokument zählt – und somit ggf. abweichende frühere Verhandlungsstände hinfällig werden –, ist die Versuchung für beide Seiten oft übermächtig, während des Notartermins inhaltliche Punkte wirtschaftlicher Natur nachzuverhandeln. Dies kann Stunden oder Tage dauern und alle Beteiligten dementsprechend stark beanspruchen, zumal bei Transaktionen im dreistelligen Millionen-Euro-Bereich bereits der normale Ablauf aufgrund des schieren Umfangs eine zeitraubende Angelegenheit sein kann. Als Faustregel gilt: Gefühlsausbrüche sieht man hin und wieder, jedoch scheitert ein Deal recht selten während der Beurkundung. Dafür steht zu viel auf dem Spiel. In aller Regel kommt es nach einigem Hin und Her zu den rechtsverbindlichen Unterschriften unter den Kaufvertrag.

Neben der formaljuristisch notwendigen Beurkundung und der Korrektur zahlreicher kleiner Fehler im Vertragswerk regelt der Notar auch die weitere Abwicklung des Geschäftes: Zum einen legt er fest, welche Partei wann welches Dokument vorlegen muss und wie die andere Partei benachrichtigt wird, so dass der „Zug um Zug"-Abwicklung nichts mehr im Wege steht. Zum anderen setzt das Notariat nunmehr eine eingespielte, nicht zu unterschätzende Maschinerie in Gang: Negativtestate (Verzichtserklärungen in Bezug auf das Vorkaufsrecht) der Städte und Gemeinden müssen eingeholt, Finanzierungsbestätigungen und Überweisungen überprüft und zahllose Nachrichten erstellt werden. Nur wenige Notariate in Deutschland sind in der Lage, einen 250-Millionen-Euro-Asset-Deal reibungslos und schnell abzuwickeln.

5.3   Der Kaufvertrag

Der Kaufvertrag, auch Sales and Purchase Agreement („SPA") genannt, besteht für gewöhnlich aus einem kompakten Hauptvertrag und zahlreichen, oft nicht minder wichtigen und sehr umfangreichen Anhängen („Bezugsurkunde").

Bereits beim Hauptvertrag muss ein Hauptaugenmerk auf den Formalia liegen: Beginnend mit der Bestellung des Notars, der Nummer der Urkundenrolle und der Auflistung der ordnungsgemäßen Vertreter beider Seiten, insbesondere der exakten Wiedergabe der beteiligten Unternehmen auf Käufer- und Verkäuferseite, über ein oft seitenlanges Inhaltsverzeichnis und zahllose Definitionen und Querverweise kommt man erst nach dem Anlagenverzeichnis überhaupt zum Vertragsgegenstand. Hier werden ebenfalls seitenlang die Zielgesellschaften bzw. die Immobilien beschrieben. Dies beinhaltet natürlich das zuständige Amtsgericht, das Grundbuch, das Blatt und alle Flurstücke, analog beim Erbbaurecht das Erbbaugrundbuch bzw. das Erbbaugrundbuchblatt. Erst nach mitunter Dutzenden von Seiten Formalia heißt es „Kauf und Übertragung der Geschäftsanteile und der weiteren Immobilien/Eintritt in Erbbaurechtsverträge", ergo, wer verkauft was genau an wen. Hier, ebenso wie beim nachfolgenden „Zug um Zug"-Kauf und Verkauf zahlt sich die Seriösität und Bodenständigkeit des deutschen Immobilienrechts im Vergleich zum europäischen Ausland aus. Es gibt – dem kaum nachvollziehbaren Lästern angelsächsischer Anwälte zum Trotz – kaum ein höheres Maß an Rechtssicherheit als im „altmodischen" deutschen Recht. Mit der Auflassung kann kein anderer als der im Notarvertrag benannte Käufer mehr die Gesellschaften respektive Grundstücke erwerben. Was folgt nun? Die im Anhang beigefügten Belastungen werden gelöscht. Auch wird geregelt, wie mit den Erschließungskosten zu verfahren ist etc. pp.

In unserem Beispiel, dem Portfolio WESTPHALIA, steht in Paragraph drei „Kaufpreis und Kaufpreisallokation", hier unterteilt in einen endgültigen Immobilienkaufpreis (Asset Deal) und einen endgültigen Anteilskaufpreis (Share Deal). Beide Beträge müssen deutschem Recht folgend exakt aufgeschlüsselt werden, ergo der Immobilienkaufpreis auf alle Objekte des Asset Deals und der Anteilskaufpreis auf alle Gesellschaften des Share Deals. In unserem Beispiel sieht dies wie folgt aus:

Der Käufer hat sich entschlossen, das heterogene Gesamtportfolio in homogene Teilportfolios aufzusplitten, die besser zu steuern und später leichter zu verkaufen sind. Zu diesem Zweck und aus Gründen der Steueroptimierung hat er kurz zuvor in Luxemburg mehrere Projektgesellschaften, sogenannte SPVs, also Special Purpose Vehicles, gegründet. In das erste SPV packt er die zehn SB-Warenhäuser, in das zweite die beiden Fachmarktzentren, in das dritte den Cash & Carry-Markt, die beiden Supermärkte sowie die drei Discounter, in das vierte einzig das große Ulmer Logistikzentrum und in das fünfte SPV den bunten Rest, ergo das Bürogebäude in Hannover, das zweite Logistikzentrum in Bad Wünnenberg-Haaren, das Kino in Osnabrück, das Dortmunder Parkhaus und das Hamburger Grundstück.

Den Teams ist es demnach gelungen, einen Teil des WESTPHALIA-Portfolios als Share Deal durchzuführen und hierauf die fünf Prozent Grunderwerbsteuer zu sparen. Aber diese Variante hat die Transaktion auch sehr viel komplizierter gestaltet, ja sogar gefährdet, mindestens aber sehr viel Zeit, Nerven und Arbeit gekostet. So mussten für die zu verkaufenden/erwerbenden Gesellschaften alle Konstellationen der Vergangenheit analysiert und (pro forma) Bilanzen zum Tag des Signing erstellt werden.

Vom endgültigen Gesamtkaufpreis entfallen (vor Abzug der Passiva) die folgenden (in Bezug auf die verkauften Geschäftsanteile vorläufigen) Beträge auf die einzelnen Kaufgegenstände:

Abb. 56: Kaufpreise für Teilportfolios aus WESTPHALIA in Euro

(a)	auf den verkauften WESTPHALIA Handel-Geschäftsanteil I (zehn SB-Warenhäuser) (vor Abzug etwaiger anteiliger Passiva der WESTPHALIA Handel)	72.000.000 Euro
(b)	auf den verkauften WESTPHALIA Handel-Geschäftsanteil II (zwei Fachmarktzentren in Siegen und Bergkamen) (vor Abzug etwaiger anteiliger Passiva der WESTPHALIA Handel)	39.625.000 Euro
(c)	Groß- und Einzelhandelsmärkte: C&C-Markt in Hagen; Supermärkte in Münster und Herne; Discounter in Warburg, Dortmund und Brilon	18.000.000 Euro
(d)	Logistikzentrum in Ulm	84.330.000 Euro
(e)	Diverse (Bürogebäude in Hannover; Logistikzentrum in Wünnenberg-Haaren; Kino in Osnabrück; Parkhaus in Dortmund; Grundstück in Hamburg)	20.795.000 Euro
	Summe	**234.750.000 Euro**

Diese Aufteilung muss zwar den „echten" Wert der Gesellschaftsanteile und Assets widerspiegeln. Andererseits gibt es gewisse Bewertungsspielräume, da der exakte Wert natürlich nicht juristisch zu greifen ist. Es gibt Kriterien, um die Plausibilität zu überprüfen, etwa indem man den Bodenrichtwert, die Restmiete usw. als Hilfsgrößen heranzieht. Aber ob das Logistikzentrum in Ulm 80 oder 85 Millionen Euro wert ist, kann man so nicht feststellen. Vor diesem Hintergrund haben Käufer und Verkäufer gewisse Spielräume, um den Kaufpreis in ihrem Sinne aufzusplitten und ihrer Strategie gemäß darzustellen. Allerdings müssen die Interessen natürlich nicht gleichgerichtet sein.

Der Verkäufer andererseits braucht am Unterzeichnungstag vor allem Sicherheiten, die über die im Vorfeld des Notartermins erbrachten Eigenkapitalzusagen der Käufer und die notorischen „Love Letters" der Banken hinausgehen. Bei WESTPHALIA setzt er eine taggleiche Eilüberweisung auf ein Notaranderkonto in Höhe von zehn Millionen Euro durch, als Vorauszahlung auf den endgültigen Gesamtkaufpreis von 234,75 Millionen Euro. Dies setzt zwar den Käufer in den Tagen vor dem Signing unter Druck, erhöht aber auch die Wahrscheinlichkeit eines Abschlusses ungemein. Darüber hinaus wird geregelt, dass die Hälfte der Summe vom Notar an den Verkäufer zu überweisen ist und von diesem als Vertragsstrafe einbehalten werden darf, sollte der Käufer seinen zentralen Verpflichtungen (gemeint ist vor allem die Zahlung des restlichen ausstehenden Kaufpreises) nicht binnen der vereinbarten Frist nachkommen. Die Fälligkeit und die Fälligkeitsvoraussetzungen werden selbstverständlich in nuce geregelt. Am wichtigsten sind die vereinbarten CPs (Conditio Precedent), also die noch abzuarbeitenden Fälligkeitsvoraussetzungen. Sie reichen von den Pflichten des Notars, die sogenannten Negativtestate der Städte und Gemeinden einzuholen, über die üblichen Verpflichtungen des Verkäufers, diesen und jenen Mietvertrag nachzureichen oder den Einhalt der Brandschutzbestimmungen in einem Objekt nachzuweisen, bis zu den Verpflichtungen der Käufer, die entsprechenden Zahlungen vorzunehmen, um nur einige zu nennen. Aber keine Sorge: In kaum einem Fall macht eine deutsche Gemeinde von ihrem gesetzlich verbrieften Vorkaufsrecht in allen Immobilienangelegenheiten Gebrauch, allenfalls erwirbt sie hier mal ein Stückchen Land für ein Schwimmbad oder dort einen Streifen eines Flurs für einen Fahrradweg. In der Regel sind deutsche Gemeindeverwaltungen sehr kooperativ und versenden auch die Negativtestate rasch.

Insbesondere beim Verkauf und Kauf von Gesellschaften bzw. Gesellschaftsanteilen gibt es eine Vielzahl von Vorschriften und Fristen zu beachten. Geschäftsjahre sind umzustellen, Gewinnabführungsverträge zu beenden, konzerninterne Finanzierungen, Gesellschafterdarlehen und Leistungsbeziehungen für die Finanzbehörden nachvollziehbar darzustellen.

Schließlich werden Punkte geregelt wie Ort und Zeit des Vollzugs, aber auch die Kündigungs- und Rücktrittsrechte vom Vertrag. Ein immer auftauchender Streitpunkt sind die sogenannten MAC-Klauseln („Material Adverse Change"), die Frage, wie zu verfahren ist, wenn sich der Zustand des Kaufgegenstandes zwischen Notartermin und anvisiertem Nutzen- und Lastenübergang deutlich verschlechtern sollte. Obwohl nur ein Eventualfall, wird hier zu Recht hart gefochten um jede Formulierung. Aber eine Immobilie kann abbrennen. In einem (ehemaligen) Bergbaugebiet kann sie abrutschen. Und seit dem 11. September 2001 findet auch das Gespenst eines terroristischen Anschlages, respektive das Gespenst völlig überteuerter Anti-Terror-Versicherungen, seinen Niederschlag in Immobilienkaufverträgen.

Nicht minder wichtig ist dies bei den Garantien („Representations and Warranties", kurz „Reps and Warranties"), die der Verkäufer abgibt. Es gibt Fälle, etwa beim Kauf aus der Zwangsverwaltung bei Insolvenz heraus, in denen der gewerbliche und professionelle Käufer keinerlei Garantien erhält. Sein Risiko muss er demnach einzig über den verringerten Kaufpreis abdecken. Hier bei WESTPHALIA garantiert der Verkäufer, wie gesagt ein angesehenes deutsches Family Office, selbstverständlich die Richtigkeit der Grundbuchangaben, der Erbbaurechte und der Eigentumsverhältnisse an den o.g. Gesellschaften und haftet auch dafür („Title Guarantee"). Auch kommt er dem Käufer bei dem für diesen so wichtigen Punkt Arbeitnehmer und Pensionsverbindlichkeiten entgegen und schreibt: „Die Zielgesellschaften beschäftigen keine Arbeitnehmer oder freien Mitarbeiter und haben auch in der Vergangenheit solche nicht beschäftigt." Und er erklärt, dass in Bezug auf die (in der Anlage aufgeführten) Immobilien keinerlei Rechtsverhältnisse bestanden oder bestehen, die bei einer Veräußerung der genannten Immobilien im Wege des § 613a BGB auf den Erwerber übergehen würden. Auch die Mietverträge garantiert er in puncto Miethöhe und Laufzeit sowie Optionen, allerdings ohne dass eine Abweichung bis zu zwei Prozent pro Jahr den Kaufpreis im Nachhinein verändern würde. Auf anderen Feldern, wie dem zunehmend riskanten Gebiet der Umwelt- und Instandhaltungsschäden, gibt der Verkäufer lediglich eine Garantie nach bestem Wissen ab. Er legt zwar alle ihm bekannten Fakten entlang der besprochenen Hürden (wie zum Beispiel Hürde des Schadens 5.000 Euro pro Einzelfall) offen, besteht aber auf der positiven Kenntnis bzw. der fahrlässigen Unkenntnis. In diesem Stil gibt der Verkäufer auch eine Datenraumgarantie ab. Die in den Datenraum eingestellten und dem Kaufvertrag auf CD beigefügten Due-Diligence-Informationen sind nach bestem Wissen zutreffend, wesentlich und auffindbar geordnet. Selbst wenn es für das Verkäuferteam ein Leichtes gewesen wäre, in der Informationsflut des Datenraumes die ein oder andere „Leiche" zu verstecken, so widersteht ein ordentlicher Kaufmann dieser Versuchung. Insgesamt folgt der Verkäufer vielmehr dem Prinzip, alle Sachverhalte offenzulegen und vor Vertragsunterschrift auch alle relevanten Sachverhalte anzusprechen. Er hat daher kleinere Kaufpreisabschläge toleriert und auch Besserungsscheine abgelehnt, ist aber seinem Prinzip „keine offenen Flanken" treu geblieben.

Der Käufer wiederum garantiert nach Maßgabe eines selbstständigen Garantieversprechens im Sinne des § 311 Abs. 1 BGB u.a., dass seine Käufergesellschaften wirksam begründete S.àr.l.s bzw. GmbHs sind, dass über sein Vermögen kein Insolvenzverfahren eröffnet ist und dergleichen mehr. Wichtig ist zu klären, ob die gesamte Transaktion noch unter Gremienvorbehalt steht, ob also ein Aufsichtsrat, Beirat,

Gesellschafterausschuss oder Ähnliches noch zuzustimmen hat. Bei WESTPHALIA ist dies nicht der Fall.

Auch klärt man die Rechtsfolgen im Falle eines Verstoßes gegen die angegebenen Garantien. Hier werden u.a. Hürden definiert: Der „de Minimis Betrag" legt fest, ab welchem Einzelbetrag pro Objekt ein Schadenersatzanspruch für einen einzelnen Schadenfall besteht. Bei WESTPHALIA gilt ein Schwellenwert von zehntausend Euro für kleine Objekte (bis zu einem Kaufpreis von fünf Millionen Euro pro Immobilie) und von zwanzigtausend Euro für große Objekte (ab einem Kaufpreis von fünf Millionen Euro pro Immobilie). Dies bedeutet in der Praxis: Verursacht ein Graffitisprayer einen Schaden von zweitausend Euro an einem SB-Warenhaus innerhalb des definierten Zeitraumes und der Käufer entdeckt dies, greift die Haftung des Verkäufers nicht. Stürzt jedoch ein Vordach ein und der Schaden beläuft sich auf sechzigtausend Euro, ist diese Hürde überschritten. Doch noch zahlt der Verkäufer (respektive seine Versicherung) nicht zwangsläufig. Denn zweitens wird eine Freigrenze für die Summe aller Schadenersatzansprüche definiert, der sogenannte „Basket", hier in der Größenordnung von einer viertel Million Euro. Auch diese Schadensumme muss kumuliert erst erreicht werden, bevor der Verkäufer haftet. Und zu guter Letzt wird noch eine Haftungsobergrenze definiert, ein „Cap" von einer Million für das Portfolio WESTPHALIA.

Im Folgenden wird eine Vielzahl von Punkten sachlich abgearbeitet und aufgeführt, von der Umsatzsteuerthematik über Sanierungsgebiete und Denkmalschutz bis zur taggenauen Abrechnung der Nebenkosten. Welche Rechtsstreitigkeiten liegen an? Wie geht man mit sonstigen Verträgen um, zum Beispiel von Dienstleistern? Gehen die Versicherungen des Verkäufers auf den Käufer über? Schuldet der Verkäufer dem Staat noch Steuern? Und und und. Provisionen, Subventionen, Baulasten, Stellplatznachweise etc. pp. Dutzende von Sachfragen werden minuziös geklärt. Breiten Raum nehmen steuerliche Themen ein.

Doch inzwischen haben Verkäufer und Käufer ein gemeinsames Interesse: den erfolgreichen Abschluss der Transaktion WESTPHALIA zu den vereinbarten Terms. Dies erklärt zahlreiche Paragraphen, in denen man sich gegenseitige Unterstützung gewährt, etwa bei Bankengesprächen, beim Zugang zu den Immobilien in der Phase bis zum Nutzen- und Lastenübergang. Von besonderer Bedeutung im Kaufvertrag ist weiterhin der sogenannte „Reliance Letter". Er besagt, dass die verkäuferseitig mandatierten und entlohnten Experten (wie zum Beispiel die Umweltgutachter) sorgfältig gearbeitet haben und nunmehr nicht länger dem Verkäufer, sondern dem Käufer gegenüber haften.

Alle wichtigen Dokumente müssen dem Hauptvertrag in sorgfältiger Manier beigefügt werden, so dass das Verzeichnis der Anlagen nun wie folgt aussieht:

Abb. 57: Anlagenverzeichnis (Auszug)

Anlage	Inhalt
(P)	Kartellfreigabe
Anlage 1.1.1	Aufstellung der WESTPHALIA-Grundstücke nebst Grundbuchauszügen
Anlage 2.1.10	Zustimmung zu den Veräußerungen der Verkäufer per Gesellschafterbeschluss
Anlage 2.3.8	Aufstellung der zu löschenden Grundbuch- und Erbbaugrundbuchbelastungen
Anlage 2.3.10	Aufstellung Baulasten
Anlage 2.4.1 b)	Erbbaurechtsvertrag Erbbaurecht Paderborn vom 19. September 1962 und Nachtragsvereinbarung vom 1. April 1976
Anlage 2.4.1 d)	Erbbaurechtsverträge Bottrop
Anlage 3.2.1	Anweisungen an den Notar bzgl. Notaranderkonto
Anlage 3.2.2 U	Eigenkapitalzusage des Käufers
Anlage 3.3.1 (b) (ii)	Aufstellung Grundpfandrechte
Anlage 3.3.1 (d)	Entwurf Eintragungsbewilligung
Anlage 3.3.5	Vorgaben zur Berechnung des WALT
Anlage 3.3.7 U	Dokumentation Bochum (bestehend aus Optionsvertrag und Darlehensvertrag)
Anlage 3.6.1	Pro-forma-Vollzugsbilanzen und Pro-forma-GuVs der Zielgesellschaften
Anlage 4.2.4	Entwurf Aufhebungsvertrag zum BLV KG Gewinnabführungsvertrag
Anlage 5.5.2 (i)	Saldenbestätigung
Anlage 5.5.2 (ii)	Darlehensvertrag
Anlage 5.5.5	Entwürfe Protokolle der Gesellschafterversammlungen
Anlage 5.5.6	Entwurf Vollzugsbestätigung
Anlage 6.B	Aufstellung der für Kenntnis/fahrlässige Unkenntnis maßgeblichen Personen

Anlage	Inhalt
Anlage 6.1.3	Aufstellung Miet- und Untermietverträge der WESTPHALIA Handel
Anlage 6.1.6	Jahresabschlüsse der WESTPHALIA Logistik
Anlage 6.1.8	Verfahren, an denen eine Zielgesellschaft als Kläger, Beklagter, Antragsteller, Antragsgegner oder sonstiger Beteiligter beteiligt ist
Anlage 6.1.10	Sonstige Verträge, bei denen eine der Zielgesellschaften Partei ist
Anlage 6.1.12	Maßnahmen bis zum Vollzugstag
Anlage 6.2.1	Grundbuchauszüge bzw. Erbbaugrundbuchauszüge der weiteren Immobilien
Anlage 6.2.3	Vorkaufsrechte
Anlage 6.2.4	Bauordnungsrechtliche Situation
Anlage 6.2.5	Aufstellung der Mietverträge nebst Nachträgen
Anlage 6.2.6	Ausnahmen zu verschiedenen die Mietverträge betreffenden Garantien
Anlage 6.2.7	Aufstellung der Rechtsstreitigkeiten bezüglich der Immobilien
Anlage 6.2.8	Überbau
Anlage 6.2.9	Drittnutzungen
Anlage 6.2.11	Umweltbeeinträchtigungen
Anlage 6.2.12	Sanierungsgebiete etc.
Anlage 6.2.15	Eigentum oder Erbbaurecht an vermieteten Flächen
Anlage 6.2.16	Aufstellung Erbbaurechtsverträge nebst Nachträgen
Anlage 6.2.22	Erschließungskosten, Anliegerbeiträge etc.
Anlage 8.1.4	Aufstellung Käufervertreter
Anlage 8.1.5-1	Objektliste De Minimis Betrag 1
Anlage 8.1.5-2	Objektliste De Minimis Betrag 2
Anlage 9.4.1 (c)	Steuerliche Sonderprüfungen
Anlage 9.4.1 (e)	Gutachten
Anlage 9.4.1 (g)	Verbindliche öffentliche Auskünfte und Zusagen
Anlage 10.3.1	Auflistung zu übergebende Geschäftsunterlagen
Anlage 10.4.2	Bewirtschaftungs-, Wartungs-, Ver- und Entsorgungsverträge

Anlage	Inhalt
Anlage 11.4	Engagement Letter Berater
Anlage 12.1	Entwurf Presseerklärung

Mit der im Idealfall abgestimmten und gemeinsam herausgegebenen knappen Presseerklärung endet die Phase des „Deal-Making". Sie könnte in unserem Beispiel wie folgt lauten:

„Der (Investor) hat vom Family Office ABC ein gemischtes Portfolio aus zwei Dutzend Handels- und Logistikimmobilien erworben. Die Objekte, vor allem SB-Warenhäuser und Fachmarktzentren, liegen großteils in Nordrhein-Westfalen und dem südlichen Niedersachsen und verfügen über eine Mietfläche von über 250.000 Quadratmetern. Die Restmietzeit beträgt knapp zehn Jahre."

Es führt zu nichts, hier komplizierte Sachverhalte wie den gemischten Share und Asset Deal anzuführen oder den Mix aus Eigentum und Erbpachtobjekten. Auch Nachkommastellen bei der Restmietlaufzeit tun hier nichts zur Sache. Die Presse will runde Zahlen und knackige Statements. In der Regel wird der Investor die Größe der Transaktion betonen und wie gut das Portfolio in seine Strategie der Expansion auf dem Kernmarkt Deutschland passt. Kritisch ist die Nennung der Jahresnettomiete beziehungsweise des Kaufpreises. Hier gibt es zwei Möglichkeiten: Entweder man gibt der Presse grobe Werte wie „Der Kaufpreis liegt bei ca. 250 Millionen Euro" oder man öffnet für Jahre das Tor für mehr oder minder genaue Spekulationen.

5.4   Der Off-Market-Deal

Selbstverständlich ist die oben geschilderte Methode des strukturierten Verkaufens nicht der einzige Weg, ein größeres Objekt oder ein Immobilienportfolio zu veräußern. Neben dem dargestellten strukturierten Prozess, dessen Merkmal es nicht zuletzt ist, den Verkaufsgegenstand fünfzig oder einhundert potenziellen Bietern gleichzeitig und mit gleichlautenden Unterlagen anzubieten, gibt es mehrere weitere Vorgehensweisen. Sie reichen vom genial-chaotischen „Muddling through", bei dem der Verkäufer ohne großen Plan und ohne rechte Strategie erst einmal an den Markt geht und schaut, wie es läuft, bis zum professionell durchgeführten „Off-

Market-Deal". Unter Off-Market-Deal verstehen wir den professionell durchgeführten Verkauf eines Objektes oder Portfolios in kapitalmarktfähiger Größenordnung zwischen zwei etablierten Parteien, die sich seit Jahren oder gar Jahrzehnten gut kennen, beispielsweise, wenn eine Frankfurter Großbank ein Hochhaus an eine andere in derselben Stadt ansässige Großbank verkauft.

Gründe für einen Off-Market-Deal unter Buddys können sein, dass der Verkäufer den Transaktionsaufwand zu reduzieren und den Grad der Vertraulichkeit zu optimieren sucht, sich sicher ist, den richtigen Käufer bereits zu kennen, und Stein und Bein schwört, auf diesem Wege binnen kurzer Zeit auch den besten Preis zu erzielen. Im Einzelnen lauten die Prämissen oftmals wie folgt:

- Es ist signifikant weniger Aufwand, nur einen Kaufkandidaten anzusprechen als einhundert.
- Es liegt auf der Hand, dass es leichter ist, eine Partei zu absoluter Vertraulichkeit zu bewegen als zehn oder fünfzig.
- Es ist „logisch", dass man mit einem Bieter, den man zudem bereits sehr gut kennt, schneller und besser vorankommt als mit einem halben Dutzend.
- Es ist durchaus wahrscheinlich, dass dieser eine Bieter in einem strukturierten Verfahren ohnehin den Höchstpreis zahlen würde.

Oftmals wird, durchaus ein wenig trotzig, dann noch angefügt, dass viele finanziell potente und renommierte Parteien wie Family Offices, Banken und gewisse Fonds an Auktionen und strukturierten Verfahren gar nicht erst teilnehmen würden und dass jede Transaktion eben ein gewisses Risiko aufweise. Meist hinter vorgehaltener Hand wird daneben zugestanden, dass man in der Vergangenheit durchaus gute Erfahrungen mit Off-Market-Deals gemacht habe und den Aufwand und die Komplexität eines unbekannten strukturierten Verkaufes ein wenig scheue. All dies ist richtig beziehungsweise nachvollziehbar und diese hier angeführten Argumente entbehren nicht einer gewissen Logik. Aber die Erfahrung zeigt, dass allzu lineare Annahmen subkritisch sein können und damit den Erfolg des Deals letztlich sogar gefährden. Aber der Reihe nach:

- Es ist unbestritten weniger Aufwand, nur einen Bieter anzusprechen – jedoch nur unwesentlich weniger. Der Aufwand steigt keineswegs linear mit der Zahl der Angesprochenen. Die Analyse des Assets oder Portfolios muss ohnehin vorgenommen, irgendeine Form von Teaser ohnehin erstellt werden. Allerdings kann er im Zeitalter der automatisierten Mails binnen einer Stunde an einhundert Parteien gehen, sofern die Berater des Verkäufers über die entsprechende Infrastruktur verfügen und die Vorarbeiten geleistet haben. Natürlich sind beim strukturierten Verfahren zusätzlich eine Investoren-Longlist und eine -Shortlist zu erstellen, was nicht nur zeitaufwändig ist, sondern auch eine gehörige Portion Marktkenntnis erfordert. Zudem sind die Vertraulichkeitserklärungen anzupassen und gegebenenfalls einzeln nachzuverhandeln. Ob man jedoch das Informationsmemorandum einmal druckt beziehungsweise auf elektronischem Wege verschickt oder zehnmal oder zwanzigmal, das macht in der Praxis kaum einen Unterschied. Ähnlich verhält es sich beim Datenraum. Ob eine oder fünf Parteien ihn zeitgleich nutzen, ist vernachlässigbar. Das „Befüllen" und Pflegen des Datenraumes macht 99 Prozent der Arbeit aus, nicht das Steuern der Benutzer. Zählbare Mehrarbeit ist ohne Frage das Abtelefonieren der zahlreichen potenziellen Interessenten in der Anlaufphase des strukturierten Verkaufes. Aber, bei allem Respekt, diese Arbeit leistet ja der Berater und nicht der Auftraggeber. Grob geschätzt, ist es über alle Prozessschritte hinweg für die Berater des Verkäufers der drei- bis fünffache Aufwand, 50 bis 100 Parteien anzusprechen anstelle von einer. Für den Prinzipal ist der Mehraufwand kaum der Rede wert.

- Unbestritten wächst das Risiko eines „Leaks to the Press" mit der Zahl der angesprochenen Parteien. Wünscht der Verkäufer die vielzitierte „absolute Vertraulichkeit", so darf er in der Tat nur mit wenigen ausgewählten Managern einer Partei im Rahmen eines Off-Market-Deals sprechen. Allerdings sei angemerkt, dass alle größeren Transaktionen im Immobiliensektor beim Kartellamt anzumelden sind und somit früher oder später zwangsläufig öffentlich werden. Und die Zeiten, in denen man wegen eines größeren Immobilienverkaufes gleich an der Solvenz eines Prinzipals Zweifel äußerte, sind längst Vergangenheit. Immobiliendeals sind für Banken, Fonds, Händler und Family Offices längst Normalität geworden. Es ist nichts Verdächtiges (mehr) dabei, sich über eine Transaktion am Immobilienmarkt Liquidität für die Auslandsexpansion oder andere strategische Aktivitäten zu besorgen.

- Man kommt mit einem Bieter schneller voran als mit einem halben Dutzend Parteien. In aller Regel. Außer, der einzige Kaufkandidat versteht es, seinen strategischen Vorteil der freiwillig vergebenen Exklusivität für seine Zwecke zu nutzen. Dann kann es mühsam werden, denn in Ermangelung von Alternativen steigt das Risiko eines Dealabbruchs oder eines eklatanten Preisnachlasses kurz vor dem Signing enorm an.

- Nicht empirisch zu belegen ist, dass der Verkäufer aufgrund einer Eingebung automatisch den richtigen, sprich höchstbietenden Kaufkandidaten auserkoren hat. Woher soll er das denn wissen, wie gegenüber einem Gremium belegen? Die in mehr als 50 Transaktionen gewonnene Erfahrung zeigt vielmehr, dass man zu Beginn des Prozesses den späteren Käufer nicht benennen kann. Selbst Berater, die seit über einem Jahrzehnt alle Transaktionen gemeinsam begleitet haben, kommen zu Beginn der 51. Transaktion auf unterschiedlich Favoriten. Zudem verändert sich das Bild während einer monatelang laufenden Transaktion immer wieder. Ist Bieter A in den ersten Wochen noch ganz klar in der Pole Position, so ist es nach Abgabe der Letters of Intent nicht selten bereits Bieter B, und nach Durchsprache aller LoIs mit den Parteien bereits Bieter C und so weiter. Hinzu kommt, dass nicht nur der Kaufpreis entscheidet, sondern ein ganzes Bündel von quantitativen und qualitativen Punkten zu berücksichtigen ist. Gerade während der Due Diligence gibt es signifikante Unterschiede bei der Bewertung von rechtlichen Sachverhalten, Vermessungsergebnissen, Gebäudeschäden, Umweltmaßnahmen oder beim Brandschutz zwischen den Bietern. Jeder potenzielle Käufer setzt andere Schwerpunkte und setzt pro Thema andere Abzüge beim Kaufpreis an.

Zieht man also ein vorläufiges Resümee, so kann der Off-Market-Deal durchaus gravierende Vorteile bei der Vertraulichkeit für sich verbuchen sowie unter gewissen Voraussetzungen echte Pluspunkte bei den Themen Aufwand und Geschwindigkeit. Andererseits kann nur eine breite Marktansprache in einem strukturierten Verfahren das Transaktionsrisiko minimieren und den Kaufpreis nachweisbar optimieren. Hier haben die Entscheider auf Verkäuferseite demnach abzuwägen: Ist das (sehr wahrscheinliche, aber nicht garantierte) Einhalten der Vertraulichkeit bis zur Anmeldung des Deals beim Kartellamt im Rahmen eines Off-Market-Deals es wert, andere vielversprechende Bieter aus dem Prozess auszusperren? Hat die Minimierung des Aufwandes in der Realität wirklich einen solchen Stellenwert für den Eigentümer? Und ist ein um vier oder sechs Wochen vorgezogener Notartermin wirklich Millionen wert? Kann man das Risiko gehen, nur mit einer Partei zu verhandeln und sich völlig von dieser abhängig zu machen? Wird man der heute vorherrschenden Komplexität gerecht in Bezug auf die Due Diligence? Und die Frage, die am meisten an den Nerven der Verkäufer nagt, wenn sie per definitionem bei einem Off-Market-Deal nur ein Angebot vorliegen haben: Hat man wirklich den bestmöglichen Kaufpreis erzielt? Und wie ist dies in Zeiten der gestiegenen Corporate-Governance-Anforderungen einem Dritten gegenüber plausibel dazulegen?

Keinesfalls reicht es aus, den tatsächlich erzielten Kaufpreis mit einem Gutachtenwert zu vergleichen. Gutachten verschiedener Häuser variieren nicht selten um dreißig oder gar vierzig Prozent in Bezug auf den Preis und lassen bisweilen zahlreiche Aspekte völlig außen vor. Aufgrund der inhärenten Caveats insbesondere bei den Themen Brandschutz und Haftung sind sie allenfalls erste Anhaltspunkte.

Ein angesichts dieses Dilemmas nicht selten gewählter Ausweg ist zum einen, den Off-Market-Deal zu versuchen und beim Auftauchen von Schwierigkeiten abzubrechen und zum strukturierten Verkauf überzugehen, und zum anderen der klassische Kompromiss, sein Asset oder sein Portfolio nur einer kleinen, ausgewählten Gruppe von möglichen Investoren im Rahmen eines verschlankten strukturierten Verkaufsprozesses anzubieten.

6 Schlussbetrachtung

Alexis de Tocqueville, der wohl berühmteste französische Amerikareisende seines Jahrhunderts, war eigentlich in die Neue Welt gekommen mit dem Auftrag, das Gefängnissystem und Justizwesen der jungen Vereinigten Staaten von Amerika zu erkunden und für die Alte Welt Erkenntnisse daraus abzuleiten. Auf mehr als eintausend Seiten lieferte er 1835/1840 stattdessen eine umfangreiche und vielschichtige Beschreibung der USA, die nicht nur in den Salons Frankreichs für Furore sorgte und das Amerikabild auf Jahrzehnte prägen sollte. De Tocqueville schilderte Dutzende von Themenfeldern, von der Volkssouveränität über die politischen Parteien bis zur Stellung der Schwarzen, um dann, völlig überraschend und ohne zuvor auf diesen Aspekt in der Tiefe eingegangen zu sein, zu resümieren: Die geografische Lage, die Größe des Territoriums und die Möglichkeiten der räumlichen Expansion werden in Zukunft ausschlaggebend sein. Bereits in den 1830er Jahren kam er zu der Schlussfolgerung, dass es primär aufgrund des Faktors Boden machtpolitisch auf eine Teilung der Welt in eine amerikanisch und eine russisch beherrschte Sphäre hinauslaufen werde.

Auch fast 200 Jahre später in unserer komplexeren Welt unterstreicht die eingangs genannte Zahl von schätzungsweise gut 11 Billionen Euro für das deutsche Immobilienvermögen die Bedeutung des Faktors Boden respektive Immobilie für unsere Volkswirtschaft, auch wenn dabei das Nettoanlagevermögen aller Bauten in der volkswirtschaftlichen Gesamtrechnung „nur" 8,2 Billionen Euro beträgt und weitere rund drei Billionen Euro für den geschätzten Grundstückswert der Siedlungs- und Verkehrsfläche hinzukommen. Damit stellen Immobilien im weiteren Sinne über 60 Prozent des Vermögens der gesamten deutschen Volkswirtschaft und betriebswirtschaftlich in manchen Branchen 85 bis 90 Prozent des deutschen Anlagevermögens dar. Über die Hälfte aller in unserem Land vergebenen Kredite sind mit Immobilienwerten besichert. Etwa die Hälfte aller deutschen Haushalte verfügt über Haus- und Grundbesitz.

Auch wenn manche Lobbyisten der Branche zu weit gehen, indem sie versuchen, der Immobilienbranche fast vier Millionen Erwerbstätige in 700.000 Unternehmen mit einer Bruttowertschöpfung von 434 Milliarden Euro zuzurechnen und hierbei großzügig Handwerker oder Reinigungskräfte mit vereinnahmen, sind die echten Rahmendaten beeindruckend genug: Zum deutschen Immobilienbestand zählen laut Statistischem Bundesamt im Jahr 2016 41,7 Millionen Wohnungen im Wert von ca. fünf Billionen Euro sowie mehr als 120 Millionen Quadratmeter Einzelhandelsfläche und mehr als 320 Millionen Quadratmeter Bürofläche im Wert von ca. drei Billionen Euro.

Vor diesem Hintergrund verwundern die Megatrends der Branche nicht: Das Transaktionsvolumen allein von Gewerbeimmobilien, also grob vereinfacht Büro-, Produktions- und Handelsimmobilien, umfasst pro Jahr zwischen zehn und 60 Milliarden Euro, im Schnitt circa 36 Milliarden Euro per annum. Dabei entfällt etwa je die Hälfte des Volumens auf Einzelobjekte bzw. auf Portfoliodeals. Das schiere Volumen dieses Transaktionsmarktes, das in der Vergangenheit durchaus zwielichtige Gestalten angelockt hat, bewirkt seit der Jahrtausendwende eine allmähliche Professionalisierung und Internationalisierung der Immobilienwirtschaft. Die Universitäten und Fachhochschulen bringen neue Generationen gut ausgebildeter Absolventen hervor. Moderne Unternehmen schieben nicht mehr ungeliebte Hauptabteilungsleiter in das Liegenschaftsmanagement ab, sondern setzen zunehmend ein modernes Corporate Real Estate Management mit fähigen Managern und Nachwuchsführungskräften auf, um ihre betriebsnotwendigen Immobilien im Wert von fast einer Billion Euro zu managen oder die nicht betriebsnotwendigen im Wert von weiteren geschätzten 250 Milliarden Euro zu optimieren. Grund genug, strukturiert zu arbeiten.

7 Anhang

Glossar

Asking Price
Preiserwartung des Verkäufers, häufig dargestellt als Faktor auf die Jahresnettokaltmiete. Wird unter Umständen relativ früh im Verkaufsprozess via Berater an die möglichen Interessenten kommuniziert.

Asset Deal
Verkauf von Wirtschaftsgütern, beispielsweise Grundstücken und Immobilien, und nicht von Unternehmensanteilen bzw. Gesellschaften (siehe dazu: Share Deal).

Asset List
Detaillierte Übersicht der Objektdaten der einzelnen Immobilien, meist in einem Excelspreadsheet aufbereitet. Beinhaltet beispielsweise Mieten, Mietfläche, Anschrift, WALT und Jahresnettokaltmiete.

AuM (Assets under Management)
Summe der verwalteten Werte (des verwalteten Kundenvermögens); bei einem größeren Fonds oft mehrere Milliarden Euro.

Auflassungsvormerkung
Wichtiges und bewährtes Instrument im deutschen Recht nach § 883 BGB, das den schuldrechtlichen Anspruch des Käufers auf Übertragung des Eigentums sichert. In der Zeit zwischen Unterzeichnung des Kaufvertrages und Eintragung in das Grundbuch („Zug um Zug"-Abwicklung) wäre sonst ein Zweitverkauf möglich, da der Verkäufer bis zur Eintragung des Käufers im Grundbuch als rechtmäßiger Eigentümer gilt. Die Vormerkung wird in Abteilung II des Grundbuches eingetragen und später wieder gelöscht. Erst damit wird der Käufer uneingeschränkter Eigentümer der Immobilie.

Basket
Mindestbetrag, den die berechtigten Schadenersatzansprüche erreichen müssen, damit der Verkäufer in Regress genommen werden kann. Die Ansprüche werden gleichsam in einen „Korb" gelegt.

Betriebsnotwendige Immobilien
Immobilien, die nicht als Kapitalanlage dienen, sondern für die Herstellung eines Produktes oder das Erbringen einer Leistung errichtet wurden, wie zum Beispiel die Produktionsanlagen eines Chemiewerkes.

Bodenrichtwert
Wichtige Kennziffer für die Verkehrswertbestimmung eines bebauten oder unbebauten Grundstückes, abgeleitet aus Grundstückskaufpreisen

der Vergangenheit. Ein Gutachterausschuss erstellt für ein bestimmtes Gebiet Karten, aus denen der Wert eines Grundstückes differenziert nach Typus (Bauerwartungsland, Bauland etc.) hervorgeht. Rechtsgrundlage für die Ermittlung der Bodenrichtwerte ist § 196 Baugesetzbuch (BauGB).

Bottom Fisher
Flapsiger Ausdruck für opportunistische Investoren, die dann bieten, wenn der Wert der Immobilie am scheinbar niedrigsten Punkt angekommen ist, um dann vom wertmäßigen Aufschwung profitieren zu können. Bottom Fisher bieten niedrig in der Hoffnung, auf unerfahrene oder verzweifelte Immobilienbesitzer zu treffen.

CapEx (Capital Expenditures)
Investitionsausgaben im Bereich des langfristigen Anlagevermögens, welche nicht im Sinne von Kosten behandelt werden, sondern zu einer wertmäßigen Zunahme des Anlagevermögens führen. Im Bereich der Immobilientransaktionen werden sie oft getätigt, um z. B. den Instandhaltungsstau aufzuheben, gesetzliche Normen zu erfüllen oder den Wert einer Immobilie durch Verschönerung zu steigern.

Cash & Carry-Markt
Architektonisch stets etwas einfacherer Großhandelsmarkt (Großverbrauchermarkt), der nach dem Prinzip der Selbstbedienung zur Versorgung von Zwischenhändlern (Gastronomie, gewerbliche Einrichtungen u.a.) konzipiert wurde und sich nicht an Endverbraucher (private Haushalte) richtet.

Closing
Zeitpunkt der Eigentums- und Risikoübertragung und zumeist damit verbunden des Zahlungseingangs beim Verkäufer. Stellt das Ende der Verkaufsphase dar.

Club Deal
Zusammenschluss einiger weniger überwiegend wohlhabender Investoren zu einem Anlagekonsortium, zumeist mit der Bedingung einer hohen Mindestbeteiligung. Bei der Identifizierung möglicher Investoren wird eher auf eine limitierte statt auf eine breite Marktansprache gesetzt.

Core
Kurzform für Spitzenimmobilien mit geringem Investitionsrisiko, wie zum Beispiel ein voll vermietetes Wohnhaus von 1900 am Münchner Marienplatz, ein Einzelhandelsgeschäft in der Frankfurter Zeil mit 1a Mietern oder ein neues Logistikzent-

rum in Hamburg mit 25-jähriger Mietlaufzeit, für die hohe Multiplikatoren gezahlt werden.

Cost Coverage
(Teilweise) Übernahme der käuferseitigen Due-Diligence-Kosten durch den Verkäufer für die von der Käuferseite engagierten externen Berater, zum Beispiel in der Phase der Exklusivität. Vermindert das Risiko für den potenziellen Käufer und erhöht insgesamt die Wahrscheinlichkeit einer Transaktion.

CPs (Conditions Precedent)
Voraussetzungen, die erfüllt werden müssen, um einen Vertrag abzuschließen, einen Kredit auszuzahlen o.ä. Bei Immobilientransaktionen gleichsam aufschiebende Bedingungen im Kaufvertrag wie zum Beispiel Negativtestat, Erstellen eines Jahresabschlusses, Abgabe einer verkäuferseitigen Mietgarantie, Beseitigung von baulichen Mängeln etc.

CRO (Chief Risk Officer)
Verantwortlich für das Risikomanagement innerhalb eines Unternehmens. Bei Immobilientransaktionen übernimmt der CRO die Risikobewertung des Projektes und entscheidet letztlich u.a. darüber, wie hoch der Fremdkapitalanteil für den Erwerb eines Portfolios oder einer Immobilie sein soll.

Datenraum
Früher physischer Raum mit Ausdrucken aller für den Verkaufsprozess relevanten Unterlagen (Mietverträge, Genehmigungen, Wartungsprotokolle usw.), heute großteils virtuell gestaltet, was u.a. den Vorteil hat, dass mehrere Bieter gleichzeitig, aber unabhängig voneinander von ihrem Büro auf die Daten zugreifen können.

De Minimis
Lat.: „um Kleinigkeiten". Beschreibt ein Prinzip, bei dem Bagatellen außen vor gelassen werden. Beispielsweise der Einzelbetrag pro Objekt und im Kaufvertrag gleichsam der Schwellenwert für einen Schadensersatzanspruch für einen einzelnen Schadensfall, z. B. ab zehntausend Euro pro Objekt können Ansprüche aus Schadensfällen geltend gemacht werden.

Deadline
Endtermin einer zuvor festgelegten Frist, oft mit gravierenden Folgen bei Überschreitung.

Dealbreaker
Sachverhalt, der bei Nichteinigung oder Nichtlösung unweigerlich das Scheitern einer Transaktion mit sich bringt, wie signifikant von der Ursprungs-

angabe abweichende Miethöhe auf Verkäufer- oder ausbleibender Nachweis des Eigenkapitals auf Käuferseite, bisweilen „nur" eine Drohung während der Kaufvertragsverhandlungen.

Desktop-Analysen
Computer- und schreibtischgestützte Recherche der Bieter in der Anfangsphase einer Transaktion; bei Interesse erfolgt danach das Besichtigen der Immobilien vor Ort, danach eine gründliche Due Diligence.

Discounter
Format im Lebensmitteleinzelhandel, in Deutschland im großen Stil begründet durch ALDI (= ALbrecht DIskont). Früher relativ einfache Gebäude an Einfahrtstraßen mit recht wenigen Artikeln und kaum Komfort, heute mit Verkaufsflächen zwischen 600 und 1.200 Quadratmetern. Discounter sind Preisführer durch das dauerhafte Setzen von Niedrigpreisen. Dies erreichen sie durch ein flaches, schmales Sortiment und eine einfache Präsentation der Waren. Discounter neueren Formates sind häufig ausgestattet mit Back-, Pfand- sowie ec-Automaten.

Double Net, Double-Net-Mietvertrag
Vertragsart im Gewerbeimmobilienbereich, die den Mieter verpflichtet, über die Betriebskosten hinaus Schönheitsreparaturen, Instandhaltungs- und Instandsetzungsmaßnahmen bzw. deren Kosten zu übernehmen; der Vermieter übernimmt lediglich die mitunter hohen Kosten für Instandhaltung und Wartung an Dach und Fach (Bausubstanz des Objektes inklusive Dekoration).

Due Diligence
Käuferseitige Prüfung der Immobilien bezüglich aller transaktionsrelevanten Unterlagen und Sachverhalte auf den Gebieten Technik, Umwelt, Recht und Wirtschaft.

Enterprise Value
Ursprünglich kommt dieser Begriff aus dem M&A-Bereich. Stellt den Kaufpreis vor Rechts- und Projektkosten sowie Abzügen dar, die gegebenenfalls aus der Due Diligence hervorgehen; optisch mitunter deutlich höher als der „echte", also beim Verkäufer eingehende Nettokaufpreis (siehe dazu: Equity Value) und daher für Pressemeldungen des Verkäufers gut geeignet.

EKZ (Einkaufszentrum)
Räumliche Konzentration von Einzelhandels- und Dienstleistungsbetrieben verschiedener Art und Größe. Sie sind aus Sicht der Kunden aufeinander bezogen und treten durch ihr räumliches Konzept und durch Kooperation als miteinander verbunden in Erscheinung.

Equity Value
Ursprünglich kommt dieser Begriff aus dem M&A-Bereich. Stellt den Kaufpreis nach Rechts- und Projektkosten sowie Abzügen dar, die gegebenenfalls aus der Due Diligence hervorgehen. Seine Höhe zeigt den wahren Kaufpreiseingang beim Verkäufer an, der demnach deutlich niedriger als der sogenannte Enterprise Value sein kann; daher wird der Equity Value eher vom Käufer genannt.

Exklusivitätsvereinbarung
Der Verkäufer versichert dem aussichtsreichsten Bieter entweder innerhalb einer festgelegten Frist nur mit ihm einen notariellen Kaufvertrag abzuschließen (Abschlussexklusivität) oder für einen gewissen Zeitraum nur mit ihm zu verhandeln (Verhandlungsexklusivität).

EXPO REAL
Internationale Fachmesse für Immobilien und Investitionen mit über 2.000 Ausstellern aus allen wichtigen Städten, Regionen und Ländern und bis zu 40.000 Teilnehmern aus aller Welt. Sie findet seit 1998 jährlich Anfang Oktober in München statt und gilt als der Branchentreffpunkt.

Faktor
Der Faktor (Multiple) ist das Vielfache der Jahresnettokaltmiete der Immobilie und dient als Grundlage zur Ermittlung des Kaufpreises bzw. der Rendite. Basis der Festsetzung der Höhe des Faktors sind u.a. der WALT, die Marktlage, der Standort und die Mietsituation des Objektes.

Fälligkeitsvoraussetzungen
Siehe CPs.

Family Office
Hierbei handelt es sich um ein rechtsformunabhängiges Finanzdienstleistungsinstitut, dessen Geschäftätigkeit auf die bankenunabhängige Verwaltung großer Privatvermögen ausgerichtet ist, meist ab einem Vermögen von mehreren hundert Millionen Euro bis zu zweistelligen Milliardenbeträgen. Dabei sind Single-Family Offices spezialisiert auf die Vermögensverwaltung einzelner Familien oder mehrerer Mitglieder einer einzelnen Familie. Daneben gibt es auch Multi-Family Offices, welche für die Vermögensverwaltung mehrerer Familien verantwortlich sind. Grundlage hierfür sind Geschäftsbesorgungsverträge.

FMZ (Fachmarktzentrum)
Nach den Einkaufszentren (EKZ) sind die Fachmarktzentren (FMZ) die zweitgrößte Gruppe der sogenannten Shoppingcenter in Deutschland. Ein FMZ besteht aus mehreren häufig mittel- bis großflächigen Fachmärkten aus verschiedenen Bereichen des Einzelhandels, beispielsweise Lebensmitteleinzelhandel plus Baumarkt plus Küchenstudio plus Kino, oftmals mit einer Vielzahl von kleineren Geschäften wie Bäckereien, Cafés u.a. Ein FMZ liegt in der Regel verkehrsgünstig am Stadtrand oder in einem Stadtteil, nicht jedoch direkt in der City.

Fees
Entgelt, zum Beispiel für Rechtsanwälte, Berater u.a.

gif
Gesellschaft für Immobilienwirtschaftliche Forschung e. V.

Grunderwerbsteuer
Im Grunde eine (ca. fünfprozentige) Umsatzsteuer auf Grundstücksumsätze.

HoT (Heads of Terms)
Rahmenagreement, zeitlich zwischen LOI und Kaufvertrag, das u.a. Verhandlungs- bzw. Abschlussexklusivität, Zeitplanung und Finanzierungsbestätigung sowie eine eventuelle Kostenerstattung („Cost Coverage") beinhaltet.

IM (Informationsmemorandum)
Umfangreiches verkäuferseitiges Dokument, das zusammenfassend die Kennzahlen zum Portfolio und die Story ebenso enthält wie umfangreiche Kapitel zum Markt und detaillierte Beschreibungen zu den Einzelobjekten.

Indikatives Angebot
Rechtlich nicht bindendes Angebot, gleichwohl wichtig, um die Absicht des Erwerbs zu unterstreichen, die wichtigsten Nebenbedingungen zu nennen und den Kaufpreis grob zu bestimmen.

Instandhaltung
Anstrengungen im Sinne laufender Kosten, die unternommen werden (sollen), um den ursprünglichen oder zumindest einen bestimmungsgemäßen Zustand der Immobilie zu erhalten. Geschieht dies nicht, kommt es zu einem Instandhaltungsstau und dieser stellt einen wichtigen Abzugsposten beim Kaufpreis dar.

Investorendatenbank
Datenbank der Berater in Bezug auf mögliche Investoren, die nach Segmenten (beispielsweise Einzelhandel, Büro, Wohnen), Dealgröße, Herkunftsland und anderen Faktoren geclustert ist.

Kaufpreisallokation
Im Kaufvertrag muss nach deutschem (Steuer-) Recht nicht nur der Kaufpreis für das Gesamtportfolio, sondern auch für jede Immobilie bzw. Gesellschaft einzeln ausgewiesen sein.

Kick-off
Starttermin für ein Projekt, normalerweise unter Anwesenheit aller Entscheidungsträger und Experten.

KYC (Know your Customer)
Der Verkäufer muss den Behörden gegenüber die Identität des Käufers offenlegen und bestätigen. Gehört unter Umständen zusammen mit der Anmeldung bei den Kartellbehörden zu den Formalien beim Kaufvertrag.

Langläufer
Immobilie mit langer restlicher Mietvertragslaufzeit, z. B. 15 Jahre.

LEH
Lebensmitteleinzelhandel

Lesetermin
In Anwesenheit des Käufers, Verkäufers und eines Notars wird der (zuvor verhandelte) Kaufvertrag verlesen. Käufer und Verkäufer prüfen, ob sie dem Vertrag in Form und Inhalt zustimmen können. Gibt es keine weiteren Anmerkungen oder Änderungen, wird der Kaufvertrag in der verlesenen Form bestätigt und beurkundet.

Logbuch
Instrument, worin alle an die potenziellen Investoren versandten Dokumente (Teaser, NDA, Informationsmemorandum etc.) und alle Kontakte (Mails, Telefonate, Treffen u. ä.) sowie oftmals auch die Inhalte („zu kurzer WALT"; „maximal 225 Mio. EUR Kaufpreis") akribisch festgehalten werden.

LOI
Gleichsam eine Absichtserklärung, kann in zwei Arten unterschieden werden: Letter of Interest = weicher LOI: Ist eine unverbindliche, aber bereits recht formalisierte Interessensbekundung. In der Regel verweist der potenzielle Käufer brieflich auf ähnliche Transaktionen in der jüngsten Vergangenheit, auf seine aufwändige Due Diligence und

sein hohes Interesse am Portfolio, nennt aber auch bereits gewisse Nebenbedingungen. In der Regel einseitig vom potenziellen Käufer unterzeichnetes Dokument. Letter of Intent = harter LOI: Diese Absichtserklärung ist bereits konkreter gefasst und enthält einige rechtlich bindende Erklärungen. Diese müssen sich jedoch auf wesentliche Vertragsbestandteile (Kaufgegenstand, Kaufpreis) beziehen. Ein „harter" LOI ist zwar kein Vorvertrag, doch haben die Parteien Pflichten. Hierzu gehören die Schutzpflichten und insbesondere Sorgfaltspflichten (Abbruch von Vertragsverhandlungen, Verletzung von Aufklärungspflichten). In der Regel vom potenziellen Käufer und Verkäufer unterzeichnete Vereinbarung.

Love Letter
Scherzhafter Ausdruck für den anfangs stets sehr vage gehaltenen Unterstützungsbrief einer finanzierenden Bank (Beispiel: „Unser Haus hat auf Basis der vorliegenden Unterlagen grundsätzliches Interesse an der Finanzierung des Portfolios WESTPHALIA, stellt dieses jedoch unter folgende 16 Vorbehalte …").

M&A (Mergers & Acquisitions)
Bezeichnet eine Fusion/Verschmelzung zweier Unternehmen zu einer neuen rechtlichen und wirtschaftlichen Einheit (Merger) bzw. den Erwerb von Unternehmenseinheiten oder eines ganzen Unternehmens (Acquisition).

MAC (Material Adverse Change)
Erhebliche negative Veränderungen. Hierbei wird geregelt, wer das Risiko für die Immobilie zwischen Signing und Closing trägt, z. B. bei Verlust durch Brand, Hochwasser, Abrutschen o.a. mit dem Sinn, dass der Käufer sich vor einer negativen Entwicklung schützt.

Maklerlizenz
Zivilmakler, also Gewerbetreibende, die Verträge im Immobilienbereich vermitteln, benötigen in der Bundesrepublik lediglich einen Gewerbeschein sowie eine Erlaubnis nach § 34c der Gewerbeordnung (GewO).

Makrolage
Generelle geografische Lage des Standortes der Immobilie in Bezug auf die großräumige Umgebung, Infrastruktur etc.

Mandatsbrief
Vertragliche Vereinbarung zur (exklusiven) Mandatierung eines Beraters durch einen Verkäufer/ Käufer im Rahmen einer Immobilientransaktion zur Vorlage bei der anderen Partei.

Mandatsvertrag
Dem im BGB geregelten Maklervertrag wohl vorzuziehende Form der Beratermandatierung für einen Portfoliodeal.

Markentabelle
Verzeichnis, das Informationen über beim Grundbuchamt gestellte Anträge und ihren Bearbeitungsstand enthält.

Mezzanine-Kapital
Mischform zwischen Eigen- und Fremdkapital bezogen auf deren rechtliche und wirtschaftliche Ausgestaltung, wird mitunter als Eigenkapitalersatz eingesetzt und ist dementsprechend teuer.

Mietüberschuss
Ergibt sich aus Jahresnettokaltmiete abzüglich etwaig zu zahlendem Erbbauzins.

Mikrolage
Generelle Lage einer Immobilie innerhalb eines Ortes in Bezug auf die unmittelbare Umgebung.

MIPIM
Marché International des Professionnels de l'immobilier. Seit 1990 veranstaltete, international bedeutende Immobilienmesse (ähnlich der EXPO REAL), die jährlich im Frühling in Cannes stattfindet und ebenfalls Zehntausende Immobilienprofis anzieht.

Nachweismakler
Im Gegensatz zu einem Berater benennt er oft nur die Gelegenheit zum Abschluss eines Vertrages, ohne sich im Weiteren um den Verkaufsprozess zu kümmern. In den §§ 652ff. BGB sind die Vorschriften des Zivil- und Nachweismaklers geregelt.

NDA
Non Disclosure Agreement, auch CA (Confidentiality Agreement), also Vertraulichkeitsvereinbarung. Regelt den Umgang mit ausgetauschten vertraulichen Unterlagen.

Negativtestat
Gibt Auskunft über das Nichtvorliegen bestimmter Sachverhalte. Bei Immobiliengeschäften hat die Gemeinde nach den Bestimmungen des Baugesetzbuches in vielen Fällen ein Vorkaufsrecht, welches sie ausüben kann oder nicht. Nutzt sie es nicht, wird ein Negativtestat erstellt. Es kann auch bescheinigen, dass für ein Grundstück keine Altlas-

ten verzeichnet sind oder dass es nicht in einem durch Hochwasser gefährdeten Gebiet liegt

Nichtbetriebsnotwendige Immobilien
Immobilien, von denen sich ein Unternehmen trennen könnte, ohne den Geschäftsbetrieb zu gefährden, z. B. Werkswohnungen, Reservegrundstücke, Waldflächen u. ä.

Non-Core
Gegenteil von Core, bisweilen Synonym für Value-add.

Notarvertrag
Anderer Ausdruck für notariell bestätigter Kaufvertrag.

Patronatserklärung
Schuldrechtliche Erklärung. Ein Mutterunternehmen (Patron) gibt zum Zweck der finanziellen Sicherung eine Verpflichtungserklärung für ihr Tochterunternehmen ab und garantiert damit, dass die Tochter jederzeit in der Lage ist, ihren Verpflichtungen (z. B. Mietzahlungen) nachzukommen. Sehr hilfreich, wenn die in der Bonität nicht ganz so starke Tochter Vertragspartner ist.

Pitch
Vorstellen bzw. Bewerben der Berater beim möglichen Auftraggeber mit einer ersten Analyse und Einschätzung der Vermarktungschancen des Projektes.

Portfolio
Generell bezeichnet der Begriff eine Sammlung/ein Bündel von Objekten eines bestimmten Typs. Im Immobilienbereich: Zusammensetzung der zu verkaufenden Immobilienobjekte.

Prinzipal
Eigentümer des Portfolios und Auftraggeber der Berater/Experten, z. B. Handels- oder Familienunternehmen, Fondsgesellschaft, Family Office, Verein o.ä.

Process Letter
Brief des Verkäufers an die sich herauskristallisierende Bietergruppe, in dem das weitere Vorgehen detailliert beschrieben wird.

Red Flag Items
Wichtige kaufpreisrelevante Tatsachen, die meist käuferseitig während der Due Diligence entdeckt und dann in den Prozess eingebracht werden („Das 100.000 Quadratmeter große Dach des Logistikzentrums ist undicht" – „Die Böden sind stark kontaminiert").

Reliance Letter
Besagt, dass sich der Empfänger auf die Richtigkeit der Inhalte eines Reports (z. B. Vendor Due Diligence Reports) auch ohne eigene Prüfung verlassen kann. Entspricht einer Haftungsübernahmeerklärung und regelt die Details der Haftung eines Auftragnehmers gegenüber dem Auftraggeber und Dritten (wie beispielsweise dem Käufer).

Rent Roll
Detaillierte Übersicht über die einzelnen Mieteinheiten eines Objektes. Beinhaltet beispielsweise Mieten, Mietfläche, Jahresnettokaltmiete, Mietbeginn, Mietende, Indexierung, Optionen u. ä.

Retainer
Regelmäßig gezahltes (z. B. monatliches) erfolgsunabhängiges Tätigkeitshonorar für den Berater.

Rubrum
Abgeleitet vom lateinischen Wort für Rot (da früher die Betreffzeile eines offiziellen Dokuments oft mit roter Tinte geschrieben wurde), bezeichnet es heute neben den Vertragspartnern (Verkäufer und Käufer) auch eine dem Textcorpus vorangestellte Zusammenfassung oder Einleitung (Präambel).

Sanierungsgebiet
Gebiet, in dem eine Gemeinde eine städtebauliche Sanierungsmaßnahme, also die Behebung städtebaulicher Missstände durch Umgestaltung oder Verbesserung, durchführen wird. Hierzu ist der Beschluss einer Sanierungssatzung nach § 142 BauGB notwendig.

SB-Warenhaus
Auch Hypermarché oder Hypermarket genannt, dient es als Sammelbegriff für großflächigen Einzelhandel mit einer Verkaufsfläche größer als 5.000 Quadratmeter. Neben einem umfassenden und breiten Angebot von Nahrungs- und Genussmitteln wird ein weitreichendes Sortiment an Nonfood-Artikeln angeboten. SB-Warenhäuser sind immer in Randzonen gelegen, um dem hohen Platzbedarf in Verbindung mit weiträumigen Parkplätzen gerecht zu werden.

Share Deal
Erwerb von Anteilen (bis 100%) an Objektgesellschaften (Unternehmen), welche die Immobilien halten, im Gegensatz zum direkten Immobilienerwerb (siehe dazu: Asset Deal).

Signing
Notartermin mit notarieller Unterzeichnung des Kaufvertrages, der damit Rechtswirksamkeit erlangt. Im deutschen Recht gelten bei Grundstücksgeschäften prinzipiell nur notariell bestätigte Absprachen und nicht, wie in anderen Ländern und anderen Bereichen, mündliche Absprachen, Handschläge, Vorverträge oder nicht notariell beglaubigte Verträge.

SPA (Sales and Purchase Agreement)
Englisches Pendant des deutschen Kaufvertrages, die Beidseitigkeit stärker betonend (Kauf und Verkauf).

SPV (Special Purpose Vehicle)
Gesellschaft, die zum Zweck des Kaufs gegründet wird und aus steuerlichen Gründen oft in Luxemburg oder den Niederlanden sitzt.

Story
Aus Sicht eines Investors bzw. Käufers benötigt ein Portfolio immer einen „roten Faden" jenseits des Preis-Leistungs-Verhältnisses, eine Story, um es den Investoren schmackhaft zu machen. In unserem Beispiel WESTPHALIA das schwer zu erlangende Baurecht für großflächigen Einzelhandel in guten Lagen westdeutscher Städte.

Success Fee
Erfolgshonorar für die engagierten Berater meist ausgedrückt in % vom Kaufpreis, zahlbar bei vertraglich definiertem Abschluss des Projektes.

Supermarkt
Im Vergleich mit Discountern verfügt der Supermarkt über ein breiteres Angebot v.a. an Lebensmitteln, aber auch an Nonfood-Artikeln und bedient somit die Funktion eines kleinräumlichen Nahversorgers. Die Verkaufsfläche ist mindestens 400 Quadratmeter, kann aber auch bis zu 5.000 Quadratmeter betragen.

Teaser
„Aufmerksamkeitserreger", knappes Dokument (wenige Seiten) mit den Kerndaten des Portfolios und den Ansprechpartnern, das einem potenziellen Käufer Appetit auf das Produkt machen soll.

Title Guarantee
Der Verkäufer garantiert, dass die zum Verkauf angebotenen Assets oder Shares frei von Rechten Dritter sind.

TripleNet, Triple-Net-Mietvertrag
Bei einem Triple-Net-Mietvertrag ist der Mieter verpflichtet, neben den Betriebskosten alle Instandhaltungs- und Instandsetzungskosten zu tragen (auch an Dach und Fach). Siehe auch: Double-Net-Mietvertrag/Dach- und Fach-Mietvertrag

Value-add
Das Portfolio hat noch Potenzial hinsichtlich seiner Wertschöpfung, d.h. Mietlaufzeiten können verlängert, Leerstände verringert werden u.ä. Ist deutlich schwieriger zu handeln, zu vermarkten und das Risiko ist höher, daher sind Value-add-Portfolios deutlich günstiger als Core-Portfolios.

Vendor Due Diligence (VDD)
Sorgfältige verkäuferseitige Prüfung der Immobilien bezüglich aller transaktionsrelevanten Unterlagen und Sachverhalte auf den Gebieten Technik, Umwelt, Recht und Wirtschaft. Nach der VDD ist der Verkäufer in der Lage, Schwachstellen des Portfolios zu erkennen und gegebenenfalls rechtzeitig zu beseitigen.

Vorkaufsrecht
Der Vorkaufsberechtigte (z. B. die Gemeinde bei gesetzlichem Vorkaufsrecht) kann mit dem Verkäufer eines Grundstückes einen Kaufvertrag zu jenen Konditionen abschließen, zu denen ein Dritter zuvor abgeschlossen hat. Um dieses Recht zu wahren, ist der Verkäufer in der Pflicht, jeden Verkauf gegenüber dem Vorkaufsberechtigten unverzüglich mitzuteilen.

WALT
Weighted Average Lease Term ist die gewichtete Restmietlaufzeit eines Portfolios in Jahren.

Waterfall-Chart
Standardisiertes Schaubild, aufgebaut wie ein Wasserfall, aus dem der Projektstand exakt hervorgeht, z. B. wie viele Interessenten wurden angesprochen, wie viele haben abgesagt, wie viele haben ein NDA unterzeichnet, wie viele haben einen LOI abgegeben u. ä.

Zentralität
Indikator für die Einkaufsattraktivität einer Stadt oder Region gemessen am Kaufkraftzufluss bzw. -abfluss. Hat eine Stadt einen Wert über 100, so fahren saldiert mehr Menschen hinein als hinaus. Dies trifft aber für München ebenso zu wie für Hoyerswerda, so dass dieser Wert allein noch nichts über die Qualität des Einzelhandels aussagt.

Zug um Zug
Gläubiger und Schuldner eines Schuldverhältnisses sind jeweils nur dann zur Leistungserbringung verpflichtet, wenn auch die Gegenseite Schritt für Schritt ihre Pflichten erfüllt hat. Dieser bewährte Abwicklungsmechanismus wird vor allem im deutschen Immobilienrecht angewendet (notarieller Kaufvertrag, Auflassungsvormerkung, Fälligkeit, Kaufpreiszahlung, Grundbucheintrag).

Hilfreiche Websites der Immobilienwirtschaft

- Immobilien Manager – Wichtiges Branchenmagazin, www.immobilienmanager.de

- Immobilien Zeitung – Wichtigste Branchen-Wochenzeitung in Deutschland, Transaktionsdatenbank, www.immobilien-zeitung.de

- Deal Magazin – Branchenmagazin, umfangreiche Meldungen zu Transaktionen, www.deal-magazin.com

- PERE – Internationales, englischsprachiges Magazin für den Private-Equity-Immobilieninvestment-Bereich, www.perenews.com

- INREV – Verband der nicht-gelisteten Immobilienfonds in Europa, www.inrev.org

- ZIA Zentraler Immobilien Ausschuss e.V. – Interessenvertretung der gesamten Immobilienwirtschaft in Deutschland, www.zia-deutschland.de

- Immobilienverband Deutschland IVD Bundesverband der Immobilienberater, Makler, Verwalter und Sachverständigen e.V. – Interessenvertretung, www.ivd.net

- Bodenrichtwerte – Online-Auskunft über Bodenrichtwerte in den jeweiligen Bundesländern, www.boris-bayern.de, www.boris.nrw.de, www.thueringen.de/de/tlvermgeo/bodenmanagement/boris_th/

- BFW Bundesverband Freier Immobilien- und Wohnungsunternehmen e.V. – Interessenvertretung überwiegend mittelständischer Immobilienunternehmen, www.bfw-bund.de

- on-geo GmbH – Dienstleister für standortbezogene Daten wie Marktmieten, Konkurrenzanalysen etc., www.on-geo.de

- GfK GeoMarketing – Teil des Marktforschungsinstituts GfK, Fokus auf Standortanalyse, www.gfk.com/de/loesungen/geomarketing

- Gesellschaft für Immobilienwirtschaftliche Forschung e. V. – Wichtiger Verein zur Förderung immobilienwirtschaftlicher interdisziplinärer Forschung und Lehre, www.gif-ev.de

- Thomas Daily – Internationales Portal für die Immobilienwirtschaft, www.thomas-daily.de/de/home

Immobilientransaktionen von 2005 bis 2018 (Auszug)

Nr.	Jahr	Käufer	Verkäufer	Volumen in Mio. Euro[1]	Beschreibung
1	2018	Blackstone	Goodman	600	Goodman-Azurite-Portfolio (24 Immobilien, 9 davon in Deutschland liegend, im Wert von ca. 250 Mio. Euro)
2	2018	CyrusOne	Zenium Germany	442	Kauf der Rechenzentrumssparte des Betreibers Zenium, bestehend aus je zwei Zentren in Frankfurt am Main (12.500 m²) und London (11.435 m²)
3	2018	berufsständische Versorgungswerke aus Hannover	Momeni Gruppe und Black Horse Investments	400	Springer Quartier in Hamburg (Projektentwicklung)
4	2018	Commerz Real	Melf Munich / MCAP Global Finance	150	Visio-Baumarktareal in München (Gewerbe- und Logistikimmobilien)
5	2017	Patrizia	Rockspring	k. A.	Übernahme der Gesellschaft Rockspring
6	2017	Chequers Capital	MK-Kliniken AG	k. A.	46 Pflegeheime inklusive Service-Gesellschaften
7	2017	GLP	Brookfield Property Partners	2.400	Übernahme des Logistikentwicklers IDI Gazeley (Immobilienwert Deutschland über 800 Mio. Euro)
8	2017	China Investment Corporation (CIC)	Blackstone	2.200	Logicor-Portfolio (Logistik)
9	2017	Signa Prime	RFR Holding	1.500	Primus-Portfolio (die 5 Prestige-Immobilien: Kaufmannshaus und Alsterarkaden in Hamburg, Projektentwicklung Upper Zeil in Frankfurt, Upper West in Berlin, 50%-Beteiligung Karstadt am Münchner Hauptbahnhof)
10	2017	Blackstone / M7	Hansteen Holdings	1.280	Hansteen-Logistik-Portfolio (Wert der deutschen Immobilien: 975 Mio. Euro)
11	2017	Intown Invest	Apollo Global Management	1.200	Monolith-Portfolio (Büro)
12	2017	Oxford Properties und Madison International Realty	National Pension Service (NPS)	1.111	Sony-Center in Berlin

1 Quelle: Pressemitteilungen, IZ Transaktionsdatenbank, JenAcon Research, Ernst & Young Research
* geschätzt

Nr.	Jahr	Käufer	Verkäufer	Volumen in Mio. Euro[1]	Beschreibung
13	2017	Pradera	IKEA	900	IKEA Homepark-Portfolio (25 Fachmarktzentren, 10 davon in Deutschland, Wert: 295 Mio. Euro)
14	2017	Deka Immobilien	CA Immo Deutschland, WPI Fonds SCS-Fis, eine Pensionsgesellschaft und Fagas Asset GmbH	775	Tower 185 in Frankfurt am Main (Büro)
15	2017	Universal-Investment / Bayerische Versorgungskammer (BVK)	Corestate Capital	687	90 Einzelhandelsimmobilien, bestehend aus mehreren Tranchen
16	2017	TLG Immobilien AG	WCM	685	Übernahme der Gesellschaft WCM (Portfolio mit 57 Objekten)
17	2017	Corestate Capital Group und Bayerische Versorgungskammer (BVK)	CG-Gruppe	670	5 Hochhaus-Projektentwicklungen mit 1.700 Mikroapartments
18	2017	Deutsche Wohnen	k. A.	655	Helvetica-Portfolio (Wohnen)
19	2017	RFR Holding	Tivolino Anstalt (Beny Steinmetz Group Resources)	650	Steinmetz-Portfolio (13 Karstadt-Warenhäuser)
20	2017	Union Investment	Credit Suisse	600	Melody-Paket (3 Einkaufszentren, davon 2 in Deutschland)
21	2017	Invesco Real Estate	Apollo Global Management	530	IHG-Portfolio (11 deutsche und 2 niederländische Hotels)
22	2017	AXA IM	Gramercy Property Trust	465	15 deutsche Logistikimmobilien
23	2017	Frasers Centrepoint	Catalyst Capital	430	Übernahme Geneba Properties (Logistik)
24	2017	Norges Bank Real Estate Management	Axel Springer Konzern	425	Axel-Springer-Verlagshaus in Berlin (Büro)
25	2017	Patrizia	Third Swedish National Pension Fund (AP3) / PGIM Real Estate	400	Quest-Portfolio (85 Einzelhandelsimmobilien)
26	2017	Blackstone und Quincap	Axel-Springer-Konzern	330	Axel-Springer-Passage in Berlin (Büro)
27	2017	Hines und ein südkoreanischer Fonds	Corpus Sireo	318	Allianz-Zentrale in Berlin (Büroprojekt)
28	2017	Morgan Stanley	Blackstone Group	300	Rhein-Ruhr-Zentrum (RRZ) in Mülheim an der Ruhr

Nr.	Jahr	Käufer	Verkäufer	Volumen in Mio. Euro[1]	Beschreibung
29	2017	Amundi Real Estate	Groß & Partner und Phoenix	300	Grand Central, DB-Zentrale in Frankfurt (Büroprojekt)
30	2017	Patrizia	Orion Capital Management	284	Symphonie-Portfolio (3 Büroimmobilien in Hamburg, Dortmund und Frankfurt am Main)
31	2017	Mirae Asset Global Investments	Credit Suisse	280	T8 Frankfurt am Main (Büro)
32	2017	Mirae Asset Global Investments	AGC Equity Partners	280	Vodafone-Campus in Düsseldorf-Seestern (Anteil von AGC Equity Partners)
33	2017	GEG German Estate Group	Commerz Real	280	Japan Center in Frankfurt am Main (Büro)
34	2017	Blackrock	Ares	280	Kustermann-Park in München (Büro)
35	2017	Frasers Centrepoint	ECE	257	Hermes-Logistikportfolio (6 Immobilien)
36	2017	Capitaland (94,9%) und Lum Chang Holdings Limited (5,1%)	OZ Management und Finch Properties	245	Main Airport Center (MAC) in Frankfurt am Main (Büro)
37	2017	Allianz Real Estate	OFB	242	Kap West München (Büro)
38	2017	Redos Real Estate	Invesco / AEW	240	Bordeaux-Portfolio (10 Fachmarktzentren)
39	2017	Castlelake	Marathon Asset Management / Marcol / Retail Properties Investment Trust (RPIT)	230	Gravity-Portfolio (68 deutsche Einzelhandelsimmobilien)
40	2017	Corestate Capital Group	Diverse	210	durch Einzeltransaktionen zusammengefasstes Portfolio (24 Einzelhandelsimmobilien)
41	2017	Patrizia	Redefine International	205	Leopard-Portfolio (66 Einzelhandelsimmobilien)
42	2017	AEW Europe	BMO	200	Sidewalk-Portfolio (20 Geschäftshäuser)
43	2017	Galaxy Holding/Ares Management/Baupost Group	Prejan Enterprises	200	Einkaufszentrum Nova Eventis nahe Leipzig
44	2017	Patrizia	IVG Immobilien	200	Übernahme der Tochtergesellschaft Triuva (Bestand von rund 270 Immobilien, hauptsächlich Büro, Kavernen und Handelsobjekte)
45	2017	Triuva	Strabag Real Estate	200	Projektentwicklung New Office in Düsseldorf (Büro)

Nr.	Jahr	Käufer	Verkäufer	Volumen in Mio. Euro[1]	Beschreibung
46	2017	Hahn Gruppe	Taurus	190	Hornbach-Portfolio (7 Bau- und Heimwerkermärkte, davon 6 in Deutschland)
47	2017	Universal-Investmen t/ GPEP	Pears Global Real Estate	182	gemischtes Retail-Portfolio (49 Immobilien, vorwiegend Lebensmitteleinzelhandel, aber auch Baumärkte und Märkte für Heimtextilien)
48	2017	alstria Office REIT	Officefirst	169	12 kleinere Büroimmobilien in Düsseldorf (5), Hamburg (4) und Berlin (3)
49	2017	Europa Capital und Bayern Projekt	verschiedene Pensions- und Versorgungskassen	150	Telefónica-Zentrale in München (Büro)
50	2017	M&G International Investments	Oppenheim-Esch	140	Luisenforum Wiesbaden (Einzelhandel)
51	2017	Deka Immobilien	Reiß & Co. Real Estate	140	Highrise One in München (Büro)
52	2017	AXA IM	Ivanhoe Cambridge	133	Paunsdorfcenter in Leipzig (Anteile von Ivanhoe Cambridge, Joint-Venture-Partner ist Unibail-Rodamco)
53	2017	Commerz Real	JP Morgan	125	Shoppingcenter Forum City Mülheim (Einzelhandel)
54	2017	Gulf Islamic Investment (GII)	Garbe Industrial Real Estate	121	Logistikimmobilie im Logistikpark Westfalenhütte Dortmund
55	2017	Brack Capital Properties	Patrizia	120	Wohnprojekt Glasmacherviertel in Düsseldorf
56	2017	TLG Immobilien AG	Privatinvestor / institutioneller Fonds	112	Onyx-Portfolio (27 Einzelhandelsimmobilien und das Nahversorgungszentrum Klenow Tor in Rostock)
57	2017	CDL Hospitality Trust	NKS Hospitality	105	Pullman-Hotels in München
58	2017	Barings Real Estate Advisers	Kildare Partners	100	Kettcar-Portfolio (5 Büro und Geschäftshäuser)
59	2017	Redos Real Estate / Union Investment	Blackstone	100	Coral-Portfolio (5 Kaufland-Immobilien)
60	2017	DIC Asset	Phoenix Real Estate und Art Invest Real Estate	100	Büroportfolio (3 in Frankfurt, 1 in München)
61	2017	Argo Capital Partners sowie zwei deutsche Family Offices	k.A.	100	Projektentwicklungsgrundstück nahe dem Rebstockareal in Frankfurt am Main (Wohnen und Gewerbe)

Nr.	Jahr	Käufer	Verkäufer	Volumen in Mio. Euro[1]	Beschreibung
62	2017	TLG Immobilien AG	Barings Real Estate Advisers / internationaler Fonds	97	Astropark Frankfurt am Main (Büro)
63	2017	HausInvest / Commerz Real	Partners Group, Finch Properties	95	Golden House in Frankfurt am Main
64	2017	Deka Immobilien	Garbe Immobilien-Projekte	95	Projekt Campus Tower in Hamburg (Büro)
65	2017	Gold Tree Group	Ten Brinke Gruppe	70	Einzelhandelsportfolio (4 Objekte)
66	2017	Warburg-HIH	Procom Invest	70	Einzelhandelsportfolio Fokus Nahversorgung (3 Objekte)
67	2017	GEG German Estate Group	JP Morgan	70	Harenberg City Center (HCC) in Dortmund (Büro)
68	2017	A&M Captiva	Vos Investment Groep NV	30	Nordwind-Portfolio (19 Discounter)
69	2016	Hamburger Family Office	Family Office aus dem Ruhrgebiet	k. A.	6 Travel-Charme-Hotels an der deutschen Ostseeküste
70	2016	Blackstone	IVG Immobilien	3.300	Übernahme Officefirst (97 Objekte)
71	2016	Vonovia	Conwert	1.700	Conwert-Übernahme (24.500 Wohneinheiten)
72	2016	China Investment Corporation (CIC) / Morgan Stanley Real Estate	BGP Investment	1.180	BGP-Portfolio (16.000 Wohneinheiten)
73	2016	Primonial REIM	Even Capital	995	Panacea-Portfolio (68 Pflegeimmobilien)
74	2016	FDM Management / Event Hospitality Management	Brookfield / Starwood Capital	800	Interhotel-Portfolio (9 ehemalige staatseigene DDR-Hotels)
75	2016	Aroundtown	Cerberus	780	39 Metrogroßmärkte
76	2016	Patrizia / Samsung SRA Asset Management	Commerzbank	660	Commerzbank-Tower Frankfurt am Main (Büro)
77	2016	Tishman Speyer / Elo Mutual Pension Insurance / Quatar Investment / Varma Mutual Pension Insurance	Tishman Speyer / Commerz Real	650	Taunusturm Frankfurt am Main (Büro)
78	2016	WealthCap	Savills Investment Management	630	Max-und-Merle-Paket (17 Büroimmobilien)
79	2016	Commerz Real	KanAm Grund KVG	500	Highlight Towers München (Büro)
80	2016	JV Madison / Mubadala	Morgan Stanley / Redos	450	Christie-Paket (4 Handelsobjekte in Ostdeutschland)
81	2016	Deutsche Wohnen	Berlinovo	421	Pegasus-Portfolio (28 Pflegeimmobilien)

Nr.	Jahr	Käufer	Verkäufer	Volumen in Mio. Euro[1]	Beschreibung
82	2016	Pandox	Invesco	415	Hotel-Portfolio (7 Immobilien in Deutschland, Österreich und den Niederlanden)
83	2016	Patrizia	Allianz Real Estate	400	Cloud9-Bürogebäudeportfolio
84	2016	GEG German Estate Group	RFR Holding	400	IBC Frankfurt am Main (Büro)
85	2016	JV Versorgungswerke / Garbe	Garbe Industrial Real Estate	360	Giant-Paket (34 Logistikimmobilien, davon 27 in Deutschland)
86	2016	Warburg-HIH	Strabag Real Estate / ECE	350	Zurich-Zentrale Köln (Büro)
87	2016	Patrizia	Savills Investment Management	320	Patrizia-Retail-Portfolio (25 Einkaufs- und Fachmarktzentren)
88	2016	AXA IM	Blackstone	310	Lisa-Portfolio (16 Pflegeimmobilien)
89	2016	BMO	Diringer & Scheidel	300	Stadtquartier Q6 Q7 Mannheim
90	2016	WealthCap	Competo (50%) / BayWa AG (50%)	280	BayWa AG Hauptsitz München
91	2016	Patrizia	Bouwfonds	250	3.500 Wohneinheiten umfassendes Portfolio
92	2016	Deutsche Investment	S Immo AG	250	1.500 Wohneinheiten umfassendes Portfolio
93	2016	RFR Holding / Signa	Tristan Capital Partners / Signature Capital	250	Münchener Karstadt am Hauptbahnhof
94	2016	Logicor	Goodman	250	6 Logistik-Immobilien
95	2016	DIC Asset	Privatinvestor	220	Einzelhandelsportfolio (2 Einkaufszentren, 1 Hybrid-Center)
96	2016	ADO Properties	ausländische Investoren	218	1.880 Wohneinheiten umfassendes Portfolio
97	2016	Patrizia	Newport Holding	200	Alster-10-Portfolio (10 SB-Warenhäuser)
98	2016	Hamburg Trust	HBB	200	Einkaufszentrum Forum Hanau am Freiheitsplatz (Einzelhandel)
99	2016	DSR Deutsche Investment	geschlossener Immobilienfonds	175	930 Wohneinheiten umfassendes Portfolio
100	2016	Revcap	HypoVereinsbank / HFS Deutschland 18	160	C&A-Portfolio (13 Handelsobjekte)
101	2016	Redevco	Krieger-Bau-Gruppe	160	Retailportfolio (2 Fachmarktzentren und 1 Einzelhandelsobjekt)

Nr.	Jahr	Käufer	Verkäufer	Volumen in Mio. Euro[1]	Beschreibung
102	2016	A&M Captiva	englisches Family Office	150	Gisèle-Portfolio (55 Nahversorger)
103	2016	Invesco Real Estate / Bayerische Versorgungskammer	Europa Capital / Hans Dobke (Geschäftsführer von Outlet Centres International OCI)	150	innerstädtisches Outlet-Center Designer Outlet Wolfsburg
104	2016	ILG Fonds	HBB	140	6 Einzelhandelsimmobilien
105	2016	Deka Immobilien Investment	k. A.	137	Bahnhofstraße 8, Hannover (Teil des Julia Portfolios)
106	2016	Eurocastle Investment	Slate Asset Management	129	Belfry und Truss-Portfolio (67 Immobilien)
107	2016	aik Immobilien	Tresono Family Office / Grundstücksgesellschaft	128	300 Einheiten umfassendes Wohn- und Gewerbeportfolio
108	2016	Rockspring	Chenavari Investment Managers	117	Shoppingcenter Flora Park in Magdeburg
109	2016	Corestate Capital Group	k. A.	113	Corestate-Portfolio (31 Geschäftshäuser)
110	2016	internationaler Investor	Corestate Capital	103	2.700 Wohneinheiten umfassendes Portfolio
111	2016	Universal-Investment	Lone Star	100	Mosaic-Einzelhandelsportfolio (29 Immobilien)
112	2016	Universal-Investment	Marktkauf Holding, ein Beteiligungsunternehmen der EDEKA-Zentrale	100	netto-Portfolio
113	2016	Wertgrund	Akelius	90	1.100 Wohneinhieten umfassendes Portfolio
114	2016	Deka Immobilien Investment	MIB AG Immobilien und Beteiligungen	90	Neue Mitte Fürth
115	2016	TIAA Henderson Real Estate	Jost Hurler Gruppe	90	Fachmarktzentrum ORO in Schwabach bei Nürnberg (damals huma Einkaufswelt)
116	2016	TLG Immobilien AG	amerikanischer Investor	86	Campus Carré Frankfurt am Main (Büro)
117	2016	Pradera/IntReal	Union Investment Real Estate	82	Äppelallee-Center Wiesbaden
118	2016	Hamborner REIT	Württembergische Lebensversicherung	80	Kurpfalz Center Mannheim
119	2016	TLG Immobilien AG	amerikanischer Investor	74	Büroobjekt im Frankfurter Mertonviertel
120	2016	Union Investment	CBRE Global investors	70	Stadtcenter Düren
121	2016	Frasers Hospitality Trust	Internos Global Investors	58	Maritim Hotel Dresden

Nr.	Jahr	Käufer	Verkäufer	Volumen in Mio. Euro[1]	Beschreibung
122	2016	TLG Immobilien AG	HVB Immobilien	57	Technisches Rathaus Leipzig
123	2016	MAS Real Estate	EDEKA Minden-Hannover (Edeka Miha)	56	MAS-Supermarktportfolio (20 Objekte in Nord- und Ostdeutschland)
124	2016	WCM	BGP Investment	55	Fachmarktzentrum Gäubodenpark in Straubing
125	2016	CLS Holdings	Pamera und Cornerstone	44	Eleven Office Center Düsseldorf
126	2016	Deka Immobilien Investment	k. A.	41	Grimmaische Straße 10 Leipzig (Teil des Julia-Portfolios)
127	2015	HBS Global Properties	Hudson's Bay Company	2.400	43 Kaufhof-Warenhäuser
128	2015	Alstria	Deutsche Office	1.700	Übernahme Deutsche Office
129	2015	Brookfield Properties	Savills Fund Management	1.300	Potsdamer Platz Berlin
130	2015	Deutsche Wohnen	Patrizia	1.100	Harald-Portfolio (ca. 13.500 Wohnungen)
131	2015	Klépierre	Corio	1.000	4 Einkaufszentren
132	2015	Deka Immobilien	D&R Investments	700	Julia-Portfolio (51 Geschäftshäuser)
133	2015	Orion Capital Managers	Credit Suisse	625	Odin-Portfolio (19 Bürogebäude)
134	2015	NorthStar	Madison International / Morgan Stanley	540	Trianon-Hochhaus Frankfurt am Main (Büro)
135	2015	Kildare	GE Capital	500	GE-Capital-Paket (60 Gewerbeimmobilien und 80 Immobilienkredite)
136	2015	Triuva	RFR Holding	480	Eurotower Frankfurt am Main (Büro)
137	2015	Junson Capital / Mirae Asset Global Investments	Oppeheim-Esch-Fonds	440	Lanxess Arena Köln
138	2015	Pandox	Leopard Group / Fattal Hotels	400	Leonardo-Paket (18 Hotels)
139	2015	Swiss Life / Corpus Sireo	Deka Immobilien	370	Stella-Portfolio (26 deutsche Gewerbeimmobilien)
140	2015	Rockspring / PGGM / AG Real Estate	Capital & Regional / Ares	350	Spitfire-Portfolio (23 SB-Warenhäuser)
141	2015	Tishman Speyer Properties	Santander / Ponte Gadea	330	TheQ Berlin
142	2015	Hudson's Bay Company	METRO Group	2.825	Galeria Kaufhof (Warenhäuser)

Nr.	Jahr	Käufer	Verkäufer	Volumen in Mio. Euro[1]	Beschreibung
143	2015	Deutsche Annington (heute Vonovia)	Investmentkonsortium, Patrizia	1.900	Südewo-Portfolio (Wohnimmobilien)
144	2015	Klépierre	Corio	1.000	Corio-Shoppingcenter
145	2015	Patrizia	skandinavischer Immobilienfonds	880	Obligo-Portfolio (Wohnimmobilien)
146	2015	Adler Real Estate	Westgrund	790	Westgrund-Übernahme (Wohnimmobilien)
147	2015	CPPIB	Unibail-Rodamco	650*	mfi-Shoppingcenter
148	2015	Orion Europe Real Estate Fund IV	Credit Suisse Property Dynamic, Credit Suisse Euroreal	625	19 Bürogebäude
149	2015	North Star	Madison International, Morgan Stanley	540	Trianon Frankfurt
150	2015	Deutsche Pensionskasse	RFR Holding	455	Eurotower, Frankfurt
151	2015	Corestate Capital	k. A.	370	35 Einzelhandelsimmobilien
152	2015	Rockspring Property Investment Managers, PGGM, AG Real Estate	Capital & Regional, Ares Management	370	23 Einzelhandelsimmobilien (hauptsächlich Lebensmittelmärkte)
153	2015	Unibail-Rodamco (15%), Axa Real Estate (35%)	Perella Weinberg	325	Ruhrpark (50%)
154	2015	Patrizia	Eurocastle Investment Limited	286	107 Supermärkte (Discounter, Fachmarktzentren)
155	2015	Hines	Überseequartier-Beteiligungsgesellschaft	235	Nördliches Überseequartier, Hafencity, Hamburg (Büro- und Einzelhandelsflächen)
156	2015	Deka WestInvest InterSelect	H Park 1	213	Hürth Park (Einkaufszentrum)
157	2015	Event Hotels	Accor	209	29 Accor-Hotels (18 in Deutschland, 11 in den Niederlanden)
158	2014	Institutionelle Investoren	Lone Star	900	IPO TLG Immobilien AG (60%)
159	2014	Investorenkonsortium aus Deutsche Asset & Wealth Management, ECE, Strabag	Rabo Real Estate Group	800	Palais Quartier in Frankfurt
160	2014	Medical Property Trust	Waterland	705	Median-Kliniken
161	2014	LEG Immobilien	Deutsche Annington	484	Wohnportfolio mit 9.600 Wohneinheiten in Nordrhein-Westfalen
162	2014	Samsung SRA Asset Management	IVG Institutional Funds	450	Silberturm, Frankfurt

Nr.	Jahr	Käufer	Verkäufer	Volumen in Mio. Euro[1]	Beschreibung
163	2014	Susanne Klatten	DIC Asset	350	Winx-Tower in Frankfurt
164	2014	HOWOGE	TAG Immobilien	170	Wohnportfolio mit 2.600 Wohneinheiten in Berlin-Marzahn
165	2014	Deutsche Annington (heute Vonovia)	Round Hill Capital et al.	1.400	Vitus (Wohnportfolio, über 30.000 Wohneinheiten mit Schwerpunkt Nordrhein-Westfalen)
166	2014	Westgrund	Berlinovo	390	Wohnportfolio mit 13.300 Wohneinheiten in Norddeutschland
167	2014	Deutsche Annington (heute Vonovia)	CitCor Residential Group, Corpus Sireo	310	Wohnportfolio mit über 5.000 Wohneinheiten mit Schwerpunkt Berlin
168	2014	Kildare Partners	Deutsche Bank	1.000	Mars-Portfolio: 24 deutsche Bürogebäude, Le-Méridien-Hotels in München und Frankfurt
169	2014	Deutsche Annington (heute Vonovia)	Archstone German Funds	970	Dewag (Wohnportfolio mit 11.500 Wohneinheiten in Süddeutschland und Rhein-Main)
170	2014	BUWOG	Prelios / Deutsche Asset & Wealth Management	892	Wohnportfolio mit 18.000 Wohneinheiten in Norddeutschland
171	2014	Accor	Moor Park Capital Partners	722	86 Hotels: ibis, ibis budget, Mercure
172	2014	Unibail-Rodamco	Stadium Group	535	50% des Centro Oberhausen
173	2014	Grove	Hochtief	350	50% Anteil an Aurelis GmbH
174	2014	Immeo	Topdanmark	240	Wohnportfolio mit 3.400 Wohneinheiten in Berlin und Dresden
175	2014	Adler Real Estate	Corestate Capital	k. A.	Wohnportfolio mit 6.300 Wohneinheiten in Sachsen, Sachsen-Anhalt und Nordrhein-Westfalen
176	2014	Patrizia	Commerz Real	1.000	LEO I Portfolio, u.a. Polizeizentrale Frankfurt, hessisches Finanzministerium
177	2014	Morgan Stanley / Redos	Christie/Prudential	400	Christie-Paket (vier Einkaufszentren)

Nr.	Jahr	Käufer	Verkäufer	Volumen in Mio. Euro[1]	Beschreibung
178	2014	Deutsche Asset & Wealth Management	Corpus Sireo	310	Wohnportfolio mit 3.604 Wohneinheiten mit Schwerpunkt Berlin
179	2013	Deutsche Wohnen	GSW-Aktionäre	3.300	90%-Anteil an GSW, 60.000 Wohneinheiten
180	2013	Patrizia & Investorenkonsortium	CA Immobilien Anlagen	800	Büroportfolio LEO II (Hessen), 36 Objekte
181	2013	DIC Asset AG	Deutsche Immobilien Chancen / DIC Capital Partners	481*	94%-Anteil an Büro- und Gewerbeportfolio UNITE, 54 Objekte
182	2013	CNP Assurances	TIAA-CREF	450	49%-Anteil an Shoppingcenter-Portfolio: Gropius-Passagen (Berlin), PEP (München), Erlangen Arcaden (Erlangen)
183	2013	Quantum Immobilien & Investorenkonsortium	LBBW Immobilien	410	Hofstatt (München)
184	2013	Becken Immobilien und Castlelake	Strategic Value Partner	330	Gewerbeportfolio Kontor (v.a. Hamburg)
185	2013	Institutionelle Investoren	Terra Firma	575	IPO Deutsche Annington (heute Vonovia) (15,5%), 180.000 Wohneinheiten
186	2013	Foncière des Régions	JP Residential	351	Wohnportfolio Berlin/Dresden, 4.000 Wohneinheiten
187	2013	Pensionsgesellschaften PPG und WPG	CA Immobilien Anlagen	330	67%-Anteil an Tower 185 (Frankfurt a.M.)
188	2013	GSW Immobilien AG	Lincoln Equities Group	k. A.	Wohnportfolio Berlin, 2.550 Wohneinheiten
189	2013	Patrizia & Investorenkonsortium	BayernLB	2.450	92%-Anteil an GBW, 32.000 Wohneinheiten
190	2013	Deutsche Wohnen AG	Blackstone	370	Wohnportfolio Berlin, 6.900 Wohneinheiten
191	2013	Adler Real Estate AG	Immeo Wohnen	210	Wohnportfolio NRW, 4.040 Wohneinheiten
192	2013	Institutionelle Investoren	Goldman Sachs / Whitehall, Perry	1.340	IPO LEG NRW (57,5%), 91.000 Wohneinheiten
193	2013	Diverse Käufer	Corestate Capital AG	250	Deutschlandweites Wohnportfolio, 3.700 Wohneinheiten
194	2013	Deutsche Wohnen AG	WVB Centuria	k. A.	Wohnportfolio Berlin, 5.300 Wohneinheiten
195	2013	Dundee International	SEB	420	elf Fondsimmobilien

Nr.	Jahr	Käufer	Verkäufer	Volumen in Mio. Euro¹	Beschreibung
196	2013	Freo, Area Property Partners	IVG	480	Prime-Portfolio
197	2013	Art-Invest	die developer	400	Kö-Bogen Düsseldorf
198	2013	IVG / Investoren	DAX-notierter Bankkonzern	262	Bürotürme Galileo Frankfurt
199	2013	Allianz Real Estate	UBS Fonds	300	Skyper Frankfurt am Main
200	2013	KG Farmsen	ECE, Strabag	290	Kaiserplatz-Galerie Aachen
201	2013	Fairvesta	AXA Real Estate	k. A.	21 Einzelhandelsimmobilien
202	2013	Plaza (Quantum Global / LaSalle)	Warburg Henderson	100	Bürogebäude Atrium München
203	2013	Buwog	Franconia Invest West und CitCor Franconia Kassel	9	315 Wohnungen in Kassel (Gesamtmietfläche 19.000 m²)
204	2013	METRO	W.P. Carey	22	Unternehmenszentrale von Adler Modemärkte in Haibach (Bayern), für 20 Jahre an Adler vermietet
205	2013	Geschlossener Immobilienfonds (Manager: DG Anlage)	Art-Invest (für einen Spezialfonds der Rheinischen Versorgungskassen)	k. A.	Bürogebäude Trias Berlin (30.000 m² Nutzfläche, bis 2030 vermietet)
206	2013	Deutsche Investment-Wohnen I	ZBI Zentral Boden Immobilien	140	1.800 Wohnungen, die überwiegend in Berlin zu finden sind
207	2013	International tätiges Familienunternehmen	MCT Berlin Residential SCA (Luxemburg)	160	2.000 Berliner Wohnungen sowie 100 Gewerbeeinheiten in meist guten bis sehr guten Wohnlagen
208	2013	Spezialfonds Domus Deutschland der Deka Immobilien	Conren Land (Alpina Real Estate Hamburg)	60	Astra-Turm in Hamburg-St. Pauli
209	2012	Signa Holding	Highstreet-Konsortium	1.100	KaDeWe in Berlin und 16 weitere Karstadt-Warenhäuser
210	2012	Unibail Rodamco	Perella Weinberg RE Fund I	500	10 Objekte / Anteilskauf am Shoppingcenterentwickler mfi
211	2012	Hamburg Trust	ECE und Strabag RE	400	Stuttgarter Shoppingcenter Milaneo, Projektentwicklung
212	2012	Aachener Grundvermögen KAG	Sonae Sierra und Sierra European Retail RE Asset Fund	200	Münster Arkaden

Nr.	Jahr	Käufer	Verkäufer	Volumen in Mio. Euro¹	Beschreibung
213	2012	Unibail Rodamco	Perella Weinberg	190	Ruhr Park (Anteilskauf) Bochum
214	2012	Allianz	HSH Nordbank	184	Europa-Passage (45%-Anteil) Hamburg
215	2012	Deutsche Euroshop	Royal Bank of Scotland	187	Herold-Center Norderstedt
216	2012	Union Investment	CS Euroreal	174	Europa-Galerie Saarbrücken
217	2012	Catalyst Capital (Catalyst European Property Fund)	London & Capital	150	Fachmarkt-Portfolio (30 Objekte)
218	2012	Hahn Gruppe und eine private Immobilien-gesellschaft	Geschlossener Fonds der Hahn-Gruppe	140	Fachmarkt-Portfolio (16 Objekte)
219	2012	Deka Immobilien	Württembergische Lebensversicherung	112	Büroobjekt Berlin, Leipziger Platz 1-3, Potsdamer Platz 8-9
220	2012	Allianz Real Estate	k. A.	80	Bürohaus Markgrafenpark Berlin
221	2012	Hamborner REIT AG	Procom	17	OBI-Markt Hamburg
222	2012	Hamborner REIT AG	k. A.	22	E-Center EDEKA Tübingen
223	2012	Aachener Grundver-mögen KAG	k. A.	25	Büro- und Geschäftshaus Dortmund
224	2012	RREEF	k. A.	64	Büro- und Geschäftshaus Frankfurt am Main
225	2012	DIC Asset AG	k. A.	22	Büroimmobilie Flughafen Frankfurt
226	2012	BEOS Corporate Real Estate Fund Germany I	EDEKA / Marktkauf	30	Logistikzentrum in Laichingen bei Ulm, Hauptmieter: Gardena
227	2012	Hamborner REIT AG	Reinhard Müller (Projektentwickler)	33	Büroobjekt auf EUREF-Campus Berlin
228	2012	Hochtief Solutions	IVG Immobilien	k. A.	Büroobjekt Hamburg, Brandstwiete (22.000 m²)
229	2012	Hamborner REIT AG	k. A.	37	Handelsobjekt (Hauptmieter EDEKA) in Karlsruhe, Rüp-purrer Straße 1
230	2012	Deutscher Spezialfonds	IVG Immobilien	k. A.	Büroobjekt Berlin, Walter-Benjamin-Platz 1-3 (15.000 m²)
231	2012	Deka Immobilien	DHL	30	Logistikobjekt Mönchen-gladbach, Regioparkring 26 (50.000 m²)
232	2012	Hochtief Projektentwicklung	Deka Immobilien	33	Büroobjekt Berlin, Stralauer Allee 4 (9.500 m²)

Nr.	Jahr	Käufer	Verkäufer	Volumen in Mio. Euro[1]	Beschreibung
233	2012	Deka Immobilien	HPI	30	Logistikobjekt Campus Böblingen (28.000 m²)
234	2012	Deka Immobilien	Newport	33	Handelsobjekt Karlsruhe, Kaiserstraße 70-74
235	2011	Allianz Real Estate	Tishman Speyer	k. A.	Bürohaus Friedrichstraße 200, Berlin (20.000 m²)
236	2011	Allianz Real Estate	CA Immo Deutschland GmbH, ECE	280	Shoppingcenter Skyline Plaza in Frankfurt am Main (Anteilsverkauf, Projektentwicklung, Fertigstellung 2013)
237	2011	Invesco Real Estate	NH Hotels	k. A.	Hotelimmobilien, Portfolio bestand aus NH Hotel Hamburg City, NH Hotel Frankfurt Flughafen und NH Hotel München Flughafen
238	2011	BSHR Investments	Accor	k. A.	Mercure Hotels in Garmisch-Partenkirchen und Friedrichsdorf
239	2011	k. A.	Commerz Real AG	33	Bürohaus München
240	2011	k. A.	Commerz Real AG	83	Bürohaus Bockenheimer Warte, Frankfurt am Main
241	2011	Deka Immobilien Investment	Gazeley	36	Magna Park Kassel (Logistik)
242	2011	Deka Immobilien Investment	LEG II Nürnberg S.à r.l.	38	Röthenbach-Center Nürnberg (Handel)
243	2011	Württembergische Lebensversicherung AG	SEB Asset Management AG	73	Stubengasse Münster (Büro, Hotel, Handel)
244	2011	WestInvest	B+L Real Estate	39	Geschäftshaus Mainz
245	2011	RREEF	CS Euroreal	83	Marktgalerie Leipzig (Büro, Handel, Wohnen)
246	2010	MGPA	ALDI Süd	180	Gemischtes Portfolio aus leeren Grundstücken, Handelsobjekten (Leersteher, Kurzläufer, Langläufer) und zwei Logistikzentren
247	2010	REDOS / Morgan Stanley	METRO AG Hauptgesellschafter (Haniel, Beisheim,Schmidt-Ruthenbeck)	150	Gemischtes Portfolio aus 23 Handels- und Logistikobjekten mit Schwerpunkt im Bereich real,-Märkte
248	2010	Allianz Real Estate	IVG Institutional Funds	200	Bürohaus Triton Frankfurt
249	2010	Allianz Real Estate	SIGNA Property Funds Holding AG (Österreich)	100	Bürohaus SPHERION Düsseldorf

Nr.	Jahr	Käufer	Verkäufer	Volumen in Mio. Euro[1]	Beschreibung
250	2010	Allianz Real Estate	ALDI Süd	k. A.	Portfolio aus 80 ALDI Süd Märkten, langfristig vermietet
251	2009	Allianz Real Estate	E.ON Energie AG, Versorgungskasse Bayernwerk	100	Bürohaus Nymphenburger Straße, München
252	2008	DKB Immobilien AG-Gruppe	GWB „Elstertal"	k. A.	Portfolio aus 810 Wohnungen und 10 Gewerbeeinheiten in Gera
253	2008	Eurytos	ADAC	35	Damalige ADAC-Hauptverwaltung (Am Westpark 8, München) mit einer Grundstücksfläche von ca. 30.000 m²
254	2008	Whitehall	LEG NRW	3.400	Wohnungen
255	2008	SEB	Daimler	1.400	gemischtes Portfolio
256	2008	Lone Star Real Estate Fund	Deutsche Post AG	1.000	gemischtes Portfolio
257	2008	Morgan Stanley	Sony Berlin GmbH	600	Sony Center Berlin
258	2008	Delek Global Real Estate	METRO	240	Einzelhandelsimmobilien
259	2008	Arkona Hotel Holding	Deutsche Seereederei	240	Arkona Stadthotellerie
260	2008	Union Investment Real Estate AG	Eurocastle	220	Fürstenhof + weiteres Objekt
261	2008	Union Invest	ECE	210	Rhein-Galerie Ludwigshafen
262	2008	Strategic Value Partners	HVB Immobilien AG	200	gemischtes Portfolio
263	2008	Union Investment Real Estate AG	HLE Baden-Baden AG	k. A.	Logistikzentrum Heinkelstraße 13 im Industriegebiet in Muggensturm (Landkreis Rastatt, 54.000 m² Logistikfläche)
264	2008	Hamborner AG	Hochtief Projektentwicklung	k. A.	Bürogebäude Office S 285/287 in Osnabrück
265	2008	GPT Halverton für H2OFonds	k. A.	7	Bürogebäude in München (Am Moosfeld), 5.500 m²
266	2008	Hines Immobilien	HypoVereinsbank-Tochter iii Investments	67	ehemaliges Postgebäude in Stuttgart-Mitte, 17.000 m²
267	2008	Citi Property Investors (CPI)	Euroinvest KTS Ltd (Fonds der Rockspring Property Investment Managers)	50	Bürogebäude Galileo Düsseldorf, 10.000 m²

Nr.	Jahr	Käufer	Verkäufer	Volumen in Mio. Euro[1]	Beschreibung
268	2008	POLIS Immobilien AG	namhafte Versicherungsgesellschaft / Privatperson	17 / 4,6	Bürogebäude in Berlin (7.100 m²) / Kontorhaus in Hamburg (2.500 m²)
269	2008	Spedition Kieserling	Bremer Investitions-Gesellschaft mbH	k. A.	70.000 m² Grundstück im Bremer Güterverkehrs-zentrum (GVZ)
270	2008	Alta Fides AG	k. A.	k. A.	4.200 m² Grundstück in Greifswald, Vorhaben: PE zu 200 Apartments auf BGF von 6.000 m², Investitionsvolumen 1,6 Mio. Euro
271	2008	WIAG Wohnimmo-bilien AG (WIAG)	Vivacon AG	26	489 Wohn- und Geschäftseinheiten; Wohn- und Nutzfläche von rd. 31.800m², in NRW und Saarland
272	2008	Richebourg Vastgoed B. V.	Münchener Vermö-gensverwaltung	k. A.	Büro- und Geschäftshaus in Deggendorf, 1.525 m²
273	2008	GPT Halverton	Handelsimmobilien-fonds GRP	5	vier Handelsimmobilien in den Neuen Ländern
274	2008	Canada Life Assurance	Momeni Projekt-entwicklung / NPC-Gruppe / HCI Developmentfonds I	zweistel-liger Millionen-Betrag	Bürohaus Breite Straße 3HOCH5 im Düsseldorfer Bankenviertel, 6.500 m² BGF Büro- und Einzelhandelsfläche
275	2008	Düsseldorfer Versorgungswerk	Metterwoon Vastgoed B.V.	zweistel-liger Millionen-betrag	Wohnungspaket mit 139 Wohnungen und 2 Gewerbeeinheiten; rd. 12.700 m² Mietfläche + 177 Tiefgaragenstellplätze in Düsseldorf-Derendorf und Köln-Deutz
276	2008	EC Advisors Investment Managers	Privatperson	k. A.	Einzelhandelsportfolio in Fürth, 2.775 m²
277	2008	EC Advisors Investment Managers	Privatperson	k. A.	Büro- und Geschäftshaus in Weilheim, 2.170 m²
278	2008	Ixocon	Transbaltic Umschlag und Spedition GmbH	k. A.	Gelände am Hamburger Hafen, 60.000 m², (3 Lager-hallen, 1 Reparaturwerk-statt, 13.000 m² Fläche)
279	2008	Ingersoll-Rand-Gruppe	Atisreal und Grubb & Ellis Company	k. A.	Oberhausen, 4.900 m² Büro- und Lagerfläche

Nr.	Jahr	Käufer	Verkäufer	Volumen in Mio. Euro[1]	Beschreibung
280	2008	CitCor Retail Properties GmbH & Co. KG (Corpus Sireo und Citigroup)	Grundstücksgemeinschaft Mertens	k. A.	Wohn-, Büro- und Geschäftshaus in Siegburg, 1.070 m²
281	2008	Dinosaurier-Werkzeuge Trading GmbH	Westfalia Separator GmbH	k. A.	Gewerbeimmobilie in Lohbrügge, 3.902 m²
282	2008	GPT Halverton für GRP-Fonds	k. A.	10	Handelsimmobilien in Augsburg-Königsbrunn (2.800 m²), Dinkelsbühl (4.900 m²), Kemnath (1.500 m²)
283	2008	Sifel Holding B. V.	Bundesagentur für Arbeit	k. A.	Bürogebäude in Stuttgart, 10.140 m²
284	2008	Bouwfonds European Residential Fonds	k. A.	44	195 Wohnungen, Reihenhäuser + Gewerbeeinheiten; 18.000 m² in Frankfurt, Kiel und München
285	2008	Catella Real Estate AG	Morgan Stanley und Pirelli Re (Joint Venture)	27	gewerbliches Immobilienportfolio in Kiel
286	2008	DeWAG-Gruppe	private und institutionelle Vermögensverwaltungen	k. A.	1.700 Wohnungen, überwiegend in München, Berlin, Hamburg und Köln 115.000 m² Wohnfläche + 2.000 m² Gewerbefläche
287	2008	GPT Halverton für GRP-Fonds	k. A.	6	drei Handelsimmobilien in Lübeck, Illingen und Leer
288	2008	POLIS Immobilien AG	evangelische Kirchenstiftung Sankt Jakobus	5	Bürogebäude Hamburg, 2.700 m², siebengeschossig
289	2008	LBBW Immobilien GmbH	Stadt Schwarzenbach a. d. Saale	k. A.	116 städtische Wohnungen (in insgesamt 25 Wohnhäusern), Versteigerung via Immobilienportal invest-trader.de der Bayerischen Grundstücksauktionen GmbH
290	2008	Fonds Quantum German City Select 1	InCity Immobilien AG	16	Gebäudeensemble Stuttgarter Innenstadt, 2 Gründerzeitvillen, ein revitaliertes Bürogebäude, ges. 5.900 m² + 6.100 m² parkähnliches Areal
291	2008	Deka Immobilien GmbH	ABZ-Immobilien-Fonds-Euregio GmbH & Co. KG	10	Büro und Geschäftshaus in Innenstadt Aachens, 4.750 m²

169

Nr.	Jahr	Käufer	Verkäufer	Volumen in Mio. Euro[1]	Beschreibung
292	2008	Adolf Weber KG Grundbesitz- und Baugesellschaft	k. A.	k. A.	Entwicklungsgrundstück in Hamburg-Wandsbek, 2.081 m²
293	2008	InCity Immobilien AG	aus Zwangsversteigerung	15	Gebäude Innenstadt Köln 5.800 m², davon jeweils zur Hälfte Einzelhandel und Büroflächen
294	2008	Rücker Immobilien AG	k. A.	k. A.	86 Wohneinheiten in Köln
295	2008	Hanzevast Beleggingen B.V	k. A.	k. A.	Bürohaus in Wiesbaden, ca. 4.500 m², Globalmieter ist das Land Hessen
296	2008	Deka Immobilien GmbH	Achim Becker, Hamburger Kaufmann und Inhaber Emporium	43	2 Logistikanlagen in Hamburg-Billbrock, 45.000 m², davon sind rund 19.000 m² Neubauflächen sowie 1.800 m² Bürofläche
297	2008	Union Investment Real Estate AG für Immo-Invest Europa	Max Baum Immobilien GmbH	25	projektiertes Bürohaus „Schwedler Carré" in Frankfurt a.M., 8.500 m², langfristig vollständig vermietet
298	2008	DKB Immobilien AG-Gruppe	k. A.	44	2.100 kommunale Wohnungen in Döbeln
299	2008	TLG Immobilien GmbH	Vermittler: DB Immobilien	k. A.	Bürohaus in Dresden, Mietfläche von 1.500 m²
300	2008	Rhenus eonova	vermittelt durch Realogis	k. A.	2.000 m² großes Umschlaglager für Krankenhauslogistik in Hilden, Ellerstraße 101
301	2008	Dawnay, Day Sirius Group	Siemens Real Estate (SRE)	98	Gewerbeimmobilien in München, Nürnberg, Offenbach, Hannover und Berlin; Gesamtnutzfläche von rund 200.000 m²
302	2008	Merrill Lynch Global Principal Investements und Colonia Real Estate AG	Wohnbau-Gruppe	k. A.	Immobilienportfolio bestehend aus 51 Objekten mit rund 2.000 Wohneinheiten
303	2008	Morley Fund Management und SachsenFonds Asset Management für German Retail Investment Property Fund	Britische Stenham-Gruppe	k. A.	Einzelhandelsgebäude mit rund 6.043 m² vermietbarer Fläche am Bremer Flughafen
304	2008	Prudentia Lebensversicherungs AG	Hochtief Construction AG Leipzig; Vermittlung durch Comfort	k. A.	Parkhaus am Universitätsklinikum der Stadt Leipzig mit 527 Stellplätzen

Nr.	Jahr	Käufer	Verkäufer	Volumen in Mio. Euro[1]	Beschreibung
305	2008	Deka Immobilien GmbH für WestInvest TargetSelect Logistics	k. A.	22	erster Bauabschnitt einer Logistik-Projektentwicklung in Schwerte, 29.300 m² Logistik und 900 m² Büro
306	2008	Hansteen Holdings plc.	k. A.	k. A.	Rheinblock in Ludwigs-hafen; Gebäudekomplex mit ca. 6.600 m² Büro- und Einzelhandelsfläche sowie ca. 3.500 m² Wohnfläche
307	2008	TLG IMMOBILIEN	k. A.	k. A.	Shoppingcenter CCW City-Center Warnowallee Rostock, Nutzfläche von 6.500 m²
308	2008	LB Immo Invest GmbH	k. A.	mittlerer zweistelli-ger Millio-nenbetrag	360 Wohneinheiten im Frankfurter Stadtteil Ginnheim, fünf Gewerbe-einheiten sowie 260 Tiefgaragenstellplätze
309	2008	PE-Gesellschaft der Cells Bauwelt GmbH	German Acorn Real Estate GmbH	k. A.	ehemaliges Breuninger-Gebäude in der Karlsruher Kaiserstraße 146-148, 15.000 m²
310	2008	US-Immobilienfonds W.P. Carey	Arques Industries AG	32	Immobilien wurden im Rah-men des Erwerbs der Acte-bis Peacock GmbH über-nommen = Hauptsitz der Actebis in Soest und dazu-gehöriges Logistikzentrum in Bad Wünnenberg
311	2008	LaSalle German Income & Growth Fonds	k. A.	36	drei Büroobjekte am Bremer Flughafen (teilweise noch in Entwicklung), insgesamt ca. 22.500 m² Mietfläche
312	2008	dänischer Privat-investor	k. A.	k. A.	100 Ferienimmobilien am Scharmützelsee in Brandenburg
313	2008	Wasserfilterhersteller BRITA	Motorola	k. A.	76.000 m² Grundstück in Taunusstein-Neuhof; ca. 6.000 m² Fläche für Produk-tion u. Lager; rund 8.000 m² Bürofläche inkl. Kantine und Konferenzsystem
314	2008	Bernhard Goldkuhle GmbH & Co. KG	Akzo Nobel GmbH	k. A.	Essen, Graf-Beust-Allee 19, eine Gewerbeimmobilie mit rund 1.500 m² Büro- und Hallenfläche

Nr.	Jahr	Käufer	Verkäufer	Volumen in Mio. Euro[1]	Beschreibung
315	2008	BEOS GmbH für eine internationale Investorengruppe	k. A.	k. A.	Campus Oberhafen, einen Forschungs-, Labor- und Gewerbepark im Frankfurter Osten; 65.000 m²
316	2008	ICN Immobilien Consult Nürnberg GmbH & Co. KG	luxemburgische Investmentgesellschaft	k. A.	Büro- und Geschäftshaus Bismarckstraße 107 in Berlin-Charlottenburg; 3.400 m² Nutzfläche
317	2008	CPM AG	GSS Immobilien AG	k. A.	Köln; Gesamtnutzfläche, ca. 4.300 m² = 19 Wohn-, 19 Gewerbeeinheiten sowie ein Lager
318	2008	DEGI	Nassauische Sparkasse (NASPA)	30	Geschäftshaus Zeil 127 in Frankfurt am Main; Mietfläche von rund 5.100 m²
319	2008	Bepro Blech & Profil- stahl GmbH & Co. KG	RAG Montan Immobilien GmbH	k. A.	Gelsenkirchen: 20.000 m² Grundstück auf dem Gelände der ehemaligen Schachtanlage Consol 3|4|9
320	2008	Deutsche Land	Miller Developments	70	Portfolio von 16 Einzelhan- delsimmobilien; die Objekte liegen vor allem in Bayern und Rheinland-Pfalz, starke Ankermieter, durchschnitt- liche Mietvertragslaufzeit: 10,8 Jahre
321	2007	Morgan Stanley (MSREF) und IVG	Union Investment Real Estate AG	2.060	Pegasus: 53 deutsche Ob- jekte sowie zwei Bauab- schnitte der Frankfurter Welle, Schwerpunkt in den Regionen Rhein-Main und Berlin
322	2007	Whitehall	DEGI	2.450	Büro und Einzelhandel
323	2007	Whitehall	Allianz Immobilien	1.700	Büroimmobilien (Portfolio- name: Charlotte)
324	2007	RREEF und Pirelli	Cerberus	1.700	27.000 Wohnungen
325	2007	Round Hill Capital und Morley Fund	Blackstone	1.600	31.000 Wohnungen
326	2007	IVG Immobilien AG	Allianz Immobilien	1.300	Portfolio „Core", bestehend aus sieben Büroobjekten in Frankfurt, Hamburg, Mün- chen und Stuttgart, die voll- ständig und langfristig an Allianz vermietet sind

Nr.	Jahr	Käufer	Verkäufer	Volumen in Mio. Euro[1]	Beschreibung
327	2007	Moor Park (Nomura)	Max Bahr	750	Handelsimmobilien
328	2007	Colonia Real Estate	BGP Investment (Babcock Brown / GPT)	k. A.	10.000 Wohnungen
329	2007	Cerberus	Deutsche Woolworth	400	111 Immobilien (innerstädtische Handelsobjekte und die Hauptverwaltung)
330	2007	Multiplex	Reit Asset Management AG	360	67 Einzelhandelsobjekte
331	2007	Evans Randall	HSH Real Estate	220	Königsbau-Passage in Stuttgart (1a-Lage)
332	2007	POLIS Immobilien AG	k. A.	9	Bürokomplex in München am Georg-Hirth-Platz in der Ludwigs-Vorstadt
333	2007	GPT Halverton	k. A.	32	zwei Immobilien in Löhne und Bad Oeynhausen als Portfolio
334	2007	Patrizia	k. A.	11	Wohnimmobilien für Ihren Spezial-Immobilienfonds Patrizia German Residential Fund I
335	2007	Patrizia	RREEF Limited	200	für die PATRoffice GmbH & Co. KG – das Co-Investment der Patrizia Immobilien AG mit Stichting Pensionsfonds ABP, Niederlande, und ATP Real Estate, Dänemark – Wohn- und Gewerbeimmobilien
336	2007	GPT Halverton	Hippon Verwaltungsgesellschaft	k. A.	Bürokomplex (19.100 m²) in Berlin für den H2O-Fonds
337	2007	Gruppe (DAIG, Bochum)	niederländischer Finanzinvestor Nawon	k. A.	3.400 Wohnungen; überwiegend in NRW (u.a. Aachen, Bonn, Eschweiler, Grevenbroich, aus den 60er/70er Jahren), Wohnfläche gesamt von ca. 230.000 m²
338	2007	Fair Value Immobilien-Aktiengesellschaft	Sparkasse Südholstein	k. A.	34 Objekte in Schleswig-Holstein; vermietbare Fläche von 45.400 m², als Sale-and-Rent-Back werden die Immobilien auch künftig primär als Filialen der Sparkasse Südholstein genutzt, 10-18-jährige Mietverträge

Nr.	Jahr	Käufer	Verkäufer	Volumen in Mio. Euro[1]	Beschreibung
339	2007	Tishman Speyer	Bayerische Bau- und Immobilien-Gruppe	k. A.	Bürogebäude Karlshöfe in München, 2005 fertig-gestellt, rund 11.600 m² Geschossfläche sowie eine Tiefgarage
340	2007	GPT Halverton für den HBI Fonds	Felix Opheis	k. A.	Gewerbeimmobilie in Geldern; fünf einzelne Gebäude; vollständig ver-mietete Fläche 36.100 m²
341	2007	Fair Value Immobilien-Aktiengesellschaft	Airport Office Beteiligungs GmbH & Co. KG	k. A.	Immobilie in der Airport City am Flughafen DUS
342	2007	Chamartin S.A. (spanisches Immo-bilienunternehmen)	k. A.	k. A.	Mehrheitserwerb an der REAL² Immobilien AG (früher Givag AG), das Unternehmen ist Investor (Wohnen und Gewerbe), 2005 besaß das Unterneh-men 4.000 Wohnungen
343	2007	Deutsche Real Estate AG	k. A.	7	Logistikimmobilie in Lüne-burg; Grundstücksfläche: 104.000 m², Vermietbare Fläche: 24.000 m²
344	2007	Pirelli Real Estate	k. A.	1.400	Erwerb von 96,83% der DGAG Deutsche Grundver-mögen AG
345	2007	ING Real Estate	Hochtief	240	WestendDuo in Frankfurt: Büroimmobilie mit zwei 96 Meter hohen Türmen
346	2007	Alpha Real Capital LLP	stilwerk Real Estate AG	75	Portfolio aus acht Gewerbeimmobilien
347	2007	Swiss Life	Hochtief	k. A.	Wohn- und Geschäfts-gebäude brainfactory in München
348	2007	Kungsleden AB		k. A.	Seniorenwohnheim in Werder
349	2007	hausInvest (Immobi-lienfonds) von Com-merz Grundbesitz-Investmentgesellschaft	Accumulata Immo-bilien Development	k. A.	Medienfabrik in München mit 29.000 m² Mietfläche
350	2007	Hannover Leasing	k. A.	k. A.	Büroimmobilie in Hamburg-Winterhude Gesamtnutzungsfläche von 26.000 m²

Nr.	Jahr	Käufer	Verkäufer	Volumen in Mio. Euro[1]	Beschreibung
351	2007	Westcity PLC und AXA REIM	DIC Asset AG	86	Portfolio aus zehn Gewerbeimmobilien überwiegend Büroimmobilien in mittelgroßen deutschen Städten wie Bochum, Gelsenkirchen, Ulm, Regensburg, Ingelheim und Neuss, Gesamtfläche: 60.000 m²
352	2007	Morgan Stanley Eurozone Office Fund	DekaBank	620	Bürogebäude Trianon in Frankfurt (Konzernzentrale der Dekabank)
353	2007	Rankvale European Property Partners	k. A.	95	Einkaufszentrum Seidnitz Center in Dresden
354	2007	GWB Immobilien AG	k. A.	32	Einkaufszentrum Königpassage in Lübeck
355	2007	Conwert Immobilien Invest AG	k. A.	11	Immobilienportfolio in Leipzig mit 19 Objekten und einer Mietfläche von ca. 15.000 m²
356	2006	Fortress	Dresden	1.750	48.000 Wohnungen
357	2006	Babcock&Brown / GPT Group	Cerberus	k. A.	12.000 Wohnungen
358	2006	Unternehmensgruppe Baum	Landesentwicklungsgesellschaft NRW	k. A.	1.900 Wohnungen
359	2006	IXIS	ATU	1.500	Handelsimmobilien
360	2006	Babcock&Brown	Lidl	1.000	Handelsimmobilien
361	2006	IXIS	Hansestadt Hamburg	850	Handelsimmobilien
362	2006	PCP Prime Commercial Prop.	Deka ImmoInvest	390	Einkaufszentrum Nova Eventis in Günthersdorf (bei Leipzig) und das Allee Center in Leipzig
363	2006	River Group / Aerium Properties	Redevco / C&A	385	Handelsimmobilien
364	2006	Foncière Dévelop. Logements	Corpus, Morgan Stanley	2.100	40.000 ThyssenKrupp Werkswohnungen
365	2006	Sonae Sierra (Center-Betreiber)	Sparkasse Münsterland	165	Einkaufszentrum Münster Arkaden
366	2006	Taurus Investment Holding	Rewe, METRO, Edeka	150	Supermärkte; Erwerb für Taurus Euro Retail Fund, der durch institutionelle und private Investoren sowie die Anglo Irish Bank finanziert wurde

Nr.	Jahr	Käufer	Verkäufer	Volumen in Mio. Euro[1]	Beschreibung
367	2006	Topland Group of Companies	Deutsche Real Estate AG	123	Einzelhandels- und Fachmarktportfolio: 13 Handelsimmobilien, 12 an Rewe vermietet; Städte: Bremen, Bremerhaven, Berlin, Leipzig, Dresden, Halle/Saale, Düsseldorf, Düren, Bottrop
368	2006	Cerberus	Hannover Rück und E+S Rückversicherung	100	Portfolio aus sieben Gewerbeimmobilien
369	2006	Dubai Investment Group	Hammerson	90	Einkaufszentrum Märkisches Zentrum in Berlin
370	2006	Menorah Insurance Company und Catella	Deutsche Woolworth	70	Distributionszentrum der Deutschen Woolworth in Bönen
371	2006	Banif Inmobiliario S.A. (Grupo Santander)	Investa Immobiliengruppe	70	Berliner Büro- und Geschäftshaus Nike-Town, Investment für die Kunden der Bank
372	2006	Delek Global Real Estate	BVT Holding	65	Shoppingcenter Walzmühle in Ludwigshafen
373	2006	APN / UKA European Retail Trust (APN Property Group, Australien)	Dr. Ebertz & Partner	65	Einkaufs- und Fachmarktzentrum Löwencenter in Leipzig
374	2006	Credit Suisse Real Estate Fund International Holding S. A.	Mainzer Aufbaugesellschaft (MAG)	60	Einkaufszentrum Römerpassage in Mainz
375	2006	Scottish Widows Investment Partnership (SWIP)	DIFA Deutsche Immobilien Fonds AG	60	Shoppingcenter City-Point in Braunschweig
376	2006	Signature Capital (Irland)	DIFA Deutsche Immobilien Fonds AG	50	Geschäftshaus Limbecker Straße 25-37 in der Essener Innenstadt
377	2006	Wealth & Property Solutions (Irland)	Gewerbe- und Wohnungsbau GmbH	40	umgebautes ehemaliges Kino am Kurfürstendamm in Berlin, Handelsobjekt
378	2006	Arab Investments	Privatperson	23	Einkaufszentrum am Kranoldplatz in Berlin-Lichterfelde
379	2006	Dubai Investment und Henderson Global Investors	Hammerson	22	Factory-Outlet-Center B5 in Wustermark bei Berlin

Nr.	Jahr	Käufer	Verkäufer	Volumen in Mio. Euro[1]	Beschreibung
380	2006	Europa Immobiliare No.1 (italienischer Immobilienfonds)	CODIC Immobilien und Projektentwicklung	16	Einzelhandelsobjekt in Koblenz (4.600 m²)
381	2006	Mitco Retail 5 ltd. (geschlossener Immobilienfonds aus GB)	Privatperson	15	Einzelhandelsportfolio an den Standorten Saarlouis, Rattelsdorf, Alsfeld, Bad Soden-Allendorf und Ober-Mörlen, langfristig an Rewe, Tegut, Plus und Schlecker vermietet
382	2006	Eurocastle Investment Ltd. (Fortress)	Equal Real Estate	15	Einzelhandelsobjekte in Dortmund, Iserlohn, Lübeck und Wittingen
383	2006	LaSalle German Retail Venture	k. A.	600	sieben Fachmärkte im Siegerland (2006), Fachmarktzentrum Oberlohn in Konstanz (2006), Handelsimmobilie im Gewerbegebiet Eching (2006), drei Baumärkte von Max Bahr (2007) u.a.
384	2006	Capital & Regional	k. A.	640	Portfolio beinhaltet 50 außerstädtisch gelegene Einzelhandelsimmobilien in Westdeutschland, Joint Venture mit einem Investmentfonds von Apollo Real Estate Advisors
385	2006	UBS Continental European Property Fund	DekaBank	470	Büroturm Skyper in Frankfurt (153 m hoch)
386	2006	UBS Continental European Property Fund und Shaftesbury International	DekaBank	100	Büroimmobilie Alkmene in Frankfurt, die komplett an T-Systems vermietet ist
387	2006	Groupe Financière Centuria SAS	Lone Star	70	Wohn- und Bürogebäude mit regionalem Schwerpunkt in Ostdeutschland
388	2005	Deutsche Annington Immobilien GmbH	E.ON	7.000	152.000 Wohnungen; verkauftes Unternehmen: Viterra
389	2005	Saga Hamburg	Hansestadt Hamburg	k. A.	38.500 Wohnungen; verkauftes Unternehmen: GWG

Nr.	Jahr	Käufer	Verkäufer	Volumen in Mio. Euro[1]	Beschreibung
390	2005	Fortress	NordLB	1.500	28.000 Wohnungen; verkauftes Unternehmen: Nileg Immobilien Holding
391	2005	Cerberus	BGAG der Gewerkschaften	1.000	20.000 Wohnungen; verkauftes Unternehmen: Baubecon
392	2005	Oaktree Capital Management	HSH Nordbank	1.000	20.000 Wohnungen; verkauftes Unternehmen: GEHAG
393	2005	Deutsche Kreditbank AG / DKB Immobilien AG	BLB-Beteiligungs-verwaltungges. Jota mbH	k. A.	6.000 Wohnungen; verkauftes Unternehmen: GBWAG Bayerische Wohnungs-AG
394	2005	Monacchia Treuhand Gesellschaft	BayernLB	k. A.	6.000 Wohnungen; verkauftes Unternehmen: Jota GmbH inkl. 75%-Anteil an GBWAG
395	2005	Kristensen Properties A/S	Babcock & Brown	k. A.	6.000 Wohnungen
396	2005	Fonciere des Regions	Immeo Wohnen (Morgan Stanley / Corpus)	k. A.	6.000 Wohnungen
397	2005	Dawnay, Day Hilco UK Ltd.	KarstadtQuelle AG	500	kleinere Karstadt-Waren-häuser („Karstadt Kompakt")
398	2005	k. A.	Vivacon	k. A.	5.000 Wohnungen im Erbbaurecht; verkauftes Unternehmen: Vivacon Rhein-Ruhr-Portfolio-I GmbH & Co. KG
399	2005	Corpus	Berliner Verkehrsbetriebe	k. A.	5.000 Wohnungen; verkauftes Unternehmen: GHG Wohnen GmbH
400	2005	J.S. Immobilienbeteili-gungsgesellschaft	Stadt Rendsburg	k. A.	1.400 Wohnungen
401	2005	Volker-Wessels- / Reggeborgh-Gruppe	Wohnungsbaugesell-schaft Marzahn	k. A.	4.000 Wohnungen
402	2005	Mondura AG	Saarbrücker Gemeinnützige Siedlungsgesellschaft	k. A.	1.100 Wohnungen
403	2005	Apellas Property Management	Bundesbahnvermögen	k. A.	1.100 Wohnungen
404	2005	Grainger Trust	Preussag / TUI	k. A.	1.400 Wohnungen
405	2005	ABM Amro / Deutsche Bank / JP Morgan	Praktiker / METRO	500	Handelsimmobilien

Nr.	Jahr	Käufer	Verkäufer	Volumen in Mio. Euro[1]	Beschreibung
406	2005	Crawford Properties (israelischer Investor Igal Ahouvi)	Hornbach	200	SLB eines Portfolios von 7 teils bestehenden, teils projektierten Bau- und Gartenmärkten in D und CH und eines Fachmarkt-zentrums
407	2005	Acta Holding ASA (norwegische Investmentfirma)	Kristensen	140	3.500 Wohneinheiten in Kiel
408	2005	Deutsche Wohn Anlage GmbH (Dewag)	AMB Generali	k. A.	1.700 Wohneinheiten hauptsächlich im Rhein-Main-Gebiet
409	2005	GE Capital Real Estate	k. A.	k. A.	4.400 Wohnungen
410	2005	LB Immo Invest GmbH	lokale Wohnungsun-ternehmen Hamburg	k. A.	700 Wohnungen
411	2005	Lincoln Equities Group	k. A.	k. A.	120 Wohnungen; Wohnan-lage in Berlin-Wilmersdorf; Kaufpreis: 780 Euro/m²
412	2005	schwedischer Investor	Deutsche Ärztever-sicherung AG	k. A.	86 Wohneinheiten
413	2005	Whitehall Fund	KarstadtQuelle AG	4.500	Karstadt-Warenhäuser
414	2005	Lohe Verwaltungen GmbH	Bundesrepublik Deutschland	20	200 Wohneinheiten der Wohnsiedlung Tegernseer Landstraße in München
415	2005	Conwert Immobilien Invest AG	k. A.	k. A.	2.700 Wohnungen in Leipzig und Dresden
416	2005	Royal Properties NV (belgischer Investor)	k. A.	14	380 Wohnungen in in Celle und Rotenburg/Wümme
417	2005	Ivanhoe Cambridge (kanadischer Pensionsfonds)	mfi AG	450	Einkaufszentrum: 94,8%-Anteil am Paunsdorf Center Leipzig, 92,5%-Anteil an den Zwickau Arcaden und 92,5%-Anteile an den Wilmersdorfer Arcaden
418	2005	Curzon Global Partners / IXIS AEW Europe	KarstadtQuelle	k. A.	17 Kaufhäuser von SinnLeffers
419	2005	Edinburgh House Estates ltd.	k. A.	50	Rathaus Galerie Wuppertal mit ca. 15.500 m² Einzelhandelsfläche, ca. 7.500 m² Büro- und 1.700 m² Wohnfläche; erste Shoppingcenter-Akquisition in Deutschland von Edinburgh House

Nr.	Jahr	Käufer	Verkäufer	Volumen in Mio. Euro[1]	Beschreibung
420	2005	Prime Commercial Properties Plc	DB Real Estate Investment GmbH / Albrecht-Gruppe	k. A.	Billstedt Center in Hamburg (44.000 m²), City-Center Köln-Chorweiler (22.800 m²), Einkaufszentrum Haven Höövt in Bremen-Vegesack (36.000 m²)